台灣放輕鬆

台灣放輕鬆

台灣放輕鬆

TAIWAN

台灣放輕鬆

take

it

easy

台灣放輕鬆 5
台灣原住民

總策劃：莊永明
撰文：詹素娟、浦忠成、蔡光慧、林志興、
王新民、范燕秋、張嘉驊、陳彥仲
漫畫：似鳥
歷史插圖：陳敏捷

監修：曹永和、許雪姬、張勝彥、吳密察、孫大川
副總編輯：周惠玲
執行編輯：陳彥仲
編輯：葉益青、黃嬿羽
攝影：黃智偉、郭娟秋
圖片翻拍：陳輝明、徐志初
美術總監：張士勇
美術構成：集紅堂廣告有限公司

發行人──王榮文
出版發行──遠流出版事業股份有限公司
台北市100汀州路3段184號7樓之5
郵撥／0189456-1
電話／(02)2365-1212　傳眞／(02)2365-7979

香港發行　遠流（香港）出版公司
香港北角英皇道310號雲華大廈四樓505室
電話(02)2506-9048　傳眞(02)2503-3258
香港售價　港幣83元

著作權顧問──蕭雄淋律師
法律顧問──王秀哲律師、董安丹律師
2001年7月1日　初版一刷

行政院新聞局局版臺業字第1295號
ISBN 957-32-4386-5
YLib遠流博識網
http：//www.ylib.com E-mail：ylib@ ylib.com

5 台灣原住民

總策劃／莊永明
文／詹素娟、浦忠成等
漫畫／似鳥
繪圖／陳敏捷

監修／曹永和、許雪姬、張勝彥、
　　　吳密察、孫大川

Portraits of the Aboriginal
in Taiwanese History

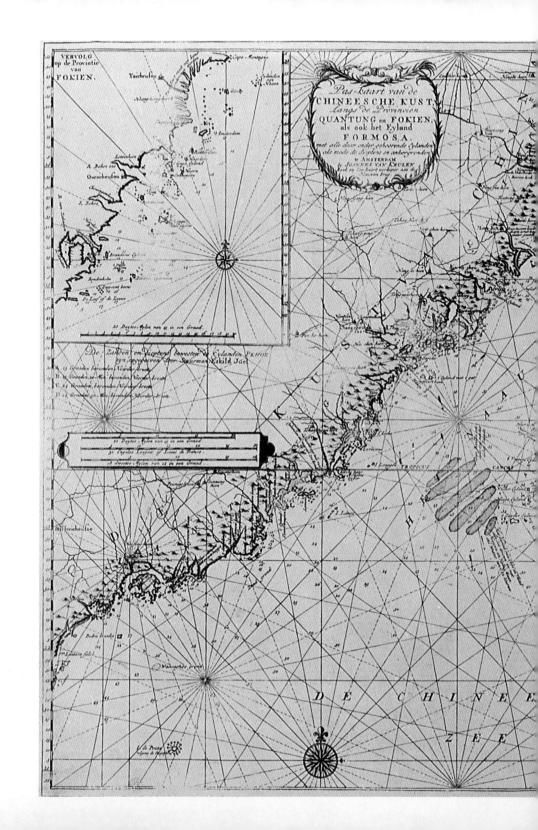

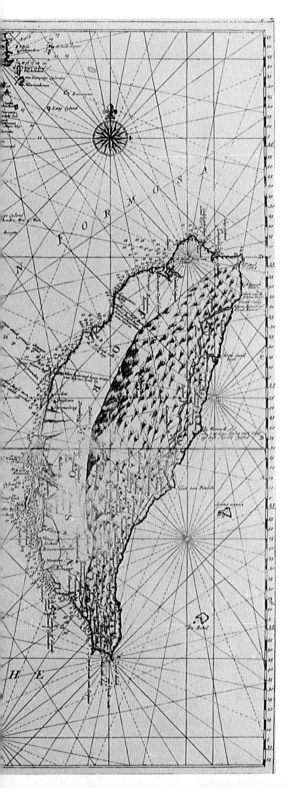

目　錄

◀ **卑南圖**
這是中國福建廣東沿海及台灣島之間的航海圖，簡稱「卑南圖」是荷蘭人所繪之最具代表性的地圖。在此圖中可以清楚看到，台灣東部與南部分布著87個歸順荷蘭人的部落。另外，對於台灣內陸高山與荷蘭人通往東部的路線，都有詳盡的說明。

總序

莊永明

閱讀歷史，會是一種沉重的負擔嗎？

　　了解歷史人物，會是一種困難的事情嗎？

　　放輕鬆！

　　請靠近一點，翻一翻這套書；你會發現歷史並不生澀，歷史也絕不難懂，歷史更不是「遙不可及」的事。

　　你會覺得歷史人物絕不是「神主牌」，更不是不食人

編輯體例說明

【台灣歷史報】
帶你回到過去，見證歷史news化

【Q&A】
挑戰你的「哈台」指數

【老廣告】
給你新古董的台灣味兒

間煙火，何況你所要貼近的是台灣人物，你所要明瞭的是台灣歷史。

沒有錯，就從這時候開始，讓我們走進時光隧道，讓我們回顧歷史長廊。

學習歷史，最快的入門方法是閱讀傳記；正如史學家羅斯（A. L. Rowse）所說的一句話：

「閱讀傳記是可以學到許多歷史的最便捷方法。」

【延伸閱讀】
⇨ 《工學博士長谷川謹介傳》，1937 出版（本書為日文資料，長谷川死後由其舊部屬製作出版，目前本書收藏於成功大學圖書館）。

【延伸閱讀】
提供深入資訊

【人物小傳】
告訴你有趣的軼聞故事

【舊聞提要】
打通你的任督二脈，變成全方位台灣通

朱一貴年表
1688~1721

1688
●朱一貴出生於福建漳州府長泰縣。

1713
●朱一貴來到台灣，時年26歲，於府城（台南）台廈道衙門打雜。不久離職，轉往大武汀幫人種田度日，並以養鴨發跡。

1721
●4月19日，因台灣知府王珍苛酷虐民，朱一貴聚集千餘人，正式..........

【年表】
從時間軸認識個人

讓我們從「三分鐘認識一位歷史人物」開始吧！

歷史教育是積累土地上世世代代先人的生活經驗；台灣歷史在威權時代，總是若隱若現的，甚至是「啞劇」。本土歷史人物自然也「難見世面」。

台灣邁進民主時代後，國民中小學才開始有了「鄉土教學」、「認識台灣」、「母語教育」等課程，然而在倉促間推出「本土」文化的教學，到底能喚醒多少人的歷史記憶和土地的認同？

台灣歷史人物，不論是原住民、閩南人、客家人，或外省人、外籍人士，只要在這塊土地流汗、流淚、流血奮鬥、奉獻，都是這套書選材的對象，為著在「歷史長廊」

有著連貫性的互應，本套書也依學術、文學、美術、音樂……做為分類上的貫連，每一位人物且透過「台灣歷史報」去探索時空背景，因此這不僅是傳記書，也是歷史書。

胡適在其《四十自述》中盼望「添出無數的可讀而又可信的傳記來」，【台灣放輕鬆】系列當然也有這樣的企圖，僅是做為一種「入門書」，其最主要的意義還是導引大家對台灣人物、台灣歷史的興趣，相信有了此「紮根」的歷史教育，社會倫理、自然關愛也必落實。

祈盼台灣在積極打造成為「科技島」之餘，也不忘提升為紮實於本土歷史認知的「人文島」，台灣才不致沈淪。

台灣史裡的原住民容顏

孫大川（卑南族）

許多人可能並沒有真正瞭解到，談台灣史或講述台灣文化時，平埔族和原住民各族群的存在，其實是一個無法繞過的課題。

一般台灣人的慣性思考，都認為台灣史是明鄭以後才開始的，台灣史是漢人渡海、移民、開墾的歷史，其間雖有西班牙、荷蘭和日本的介入，但還是以漢人為主體。這種歷史意識，始終占著一個主流或主導的位置，支配著我們對台灣史和台灣文化的總體想像。

之所以如此，

除了漢族中心主義的偏見作祟外，當然還也有其它客觀的因素存在。

首先，台灣原住民沒有文字，歷史和文化的傳遞雖隱含在樂舞和祭儀中，但主要還是依賴口耳的傳述，缺乏穩定的文字力量和支持。有文字，固然不一定產生信史，卻可以形成某種物質性的、有形的存在，供人上下求索。相對的，在愈來愈快速變遷的時代裡，隨著社會結構的解體，文化訊息的承傳立刻顯得脆弱、飄渺。這正是台灣原住民目前的處境。

19世紀恆春地區大頭目卓杞篤，與西方人達成協定，對遇難的外國船員會施以援手。

其次，大時代的格局也產生了決定性的影響。至少在1980年代以前，台灣史研究始終處在中國史的邊陲再邊

居住在屈尺（今新店）一帶的泰雅族人。

陲，它既沒有主體性，也完全被籠罩在政治意識形態的壓迫下。台灣史的史學認知活動，從一開始就與政治有著千絲萬縷的糾纏；即使在解嚴開放以後，台灣史的主體論述，也充滿著政治權力爭戰的煙硝。歷史成了政治角力的工具，弱勢如原住民的存在，若不淪為意識形態論辯的附庸，也終會變成邊緣性的課題，永遠排不到議程上。

所幸近十幾年來，仍然有一群好學深思、謹守學術規範的史學研究家，鍥而不捨地從事台灣史的重建工作。他們從考古、語言、地契、人類學和基因研究，結合漢語、日語、荷蘭語及其他外語文獻之解讀，逐步描繪出一個比較清晰的台灣史面貌。令人感動的是，在這一連串復建的過程中，台灣各族原住民的歷史容顏，也隨之浮現了上來。他們不是台灣史的另一個部分，更不需要某種人道主義式的憐憫。台灣原住民其實就是台灣史本身，是台灣文化永不可切割的一部

分。

要將這樣的學術成果，轉化成國民歷史意識的自然流露，當然不能單靠那一套枯躁、嚴肅的學術語言。

狩獵與戰鬥是原住民男子的必備技能。

【台灣放輕鬆】系列，呈現了歷史書寫的另一種與讀者溝通的策略。在這一本有關原住民的《台灣原住民》裡，我們可以輕鬆地瀏覽巴宰岸裡社大頭目潘敦仔的事蹟，認識瑯嶠十八社首領卓杞篤的行事風格。道卡斯的衛阿貴、噶瑪蘭的托泰‧布典、賽夏的日阿拐、卑南王卑那來、阿美的馬亨亨、布農的拉荷‧阿雷、泰雅的莫那‧魯道、排灣的潘文杰以及鄒族的吾雍‧雅達烏猶卡那等等；這些對一般人而言可能是極為陌生的名字，其實代表著台灣史在不同時代、不同地方、不同族群的歷史回應，將他們構成的點線連接起來，我們才算對台灣歷史文化的全貌有了初步的瞭解。

放輕鬆，就是要將這些陌生的姓名和他們所引發的歷史事件，不知不覺地滲透到我們的情感裡面。有一天當我們突然發現我們可以不假思索地講論大肚王、望麒麟或西拉雅、馬卡道的種種，台灣史才能算是一種有生命的存在！

台灣歷史不可或缺的原住民

莊永明

　　以漢人爲中心所建構的「台灣人四百年史」，似乎完全漠視原住民在「美麗島」的存在；其實，台灣是一個多族群社會，任何族群都不應該被遺忘——不論是原來分布在台灣西部平原的平埔族，或是所謂「山地九族」，都是台灣歷史裡不可或缺的一員。

　　「山地九族」這個名稱是1954年3月14日，由內政部所核定，意指泰雅、賽夏、布農、曹、魯凱、排灣、卑南、阿美和離島蘭嶼（昔稱「紅頭嶼」）的雅美。曹族今名鄒族，雅美改稱達悟。2001年，行政院原住民委員會正式通過，將劭族視爲

一獨立的族群，台灣原住民即從原本的九族增爲十族。

　　1984年12月29日，一群原住民知識青年成立了「台灣原住民族權利促進會」，展開「正名運動」，經過多年的請願後，乃有今日的「原住民」一詞。定名之後，眾人也認爲，應該還原原住民的歷史，讓原住民的歷史人物在台灣史的舞台上得到他們應有的

Tatooing on Faces Formosa.（臺灣）番人の入墨技術

泰雅族的婦女會在臉上刺上花紋，一方面為了美觀，一方面代表她們具備卓越的織布技術。

20位台灣原住民的主要活動區域

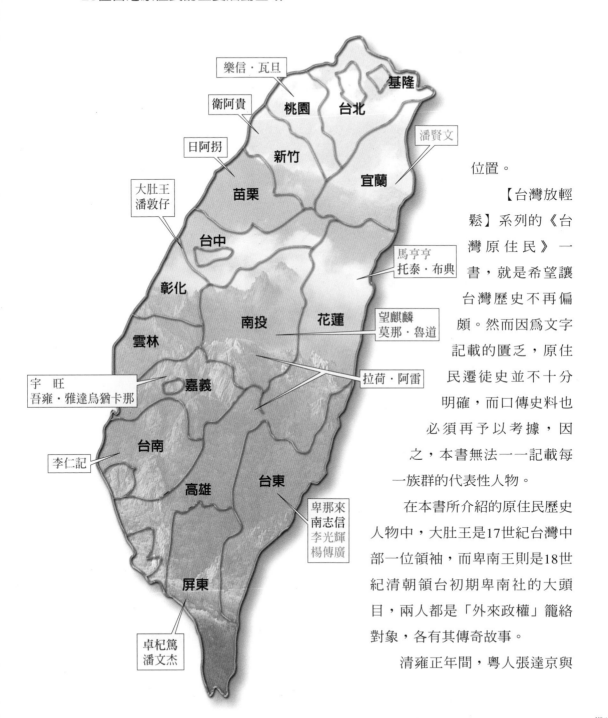

樂信‧瓦旦

衛阿貴

日阿拐

大肚王
潘敦仔

基隆

桃園　台北

新竹

苗栗

台中

彰化

雲林

南投　花蓮

宇　旺
吾雍‧雅達烏猶卡那

嘉義

李仁記

台南

高雄

台東

屏東

卓杞篤
潘文杰

潘賢文

宜蘭

馬亨亨
托泰‧布典

望麒麟
莫那‧魯道

拉荷‧阿雷

卑那來
南志信
李光輝
楊傳廣

位置。

【台灣放輕
鬆】系列的《台
灣原住民》一
書，就是希望讓
台灣歷史不再偏
頗。然而因為文字
記載的匱乏，原住
民遷徙史並不十分
明確，而口傳史料也
必須再予以考據，因
之，本書無法一一記載每
一族群的代表性人物。

在本書所介紹的原住民歷史
人物中，大肚王是17世紀台灣中
部一位領袖，而卑南王則是18世
紀清朝領台初期卑南社的大頭
目，兩人都是「外來政權」籠絡
對象，各有其傳奇故事。

清雍正年間，粵人張達京與

岸裡社土官潘敦仔合作開發台中盆地，而有今日中部的榮景。嘉慶年間，同為巴宰族岸裡社的潘賢文，帶領多族群、跨部落的開墾集團，進入「後山」蘭陽平原拓墾。乾隆年間，衛阿貴則召集客家人為佃戶，由新埔進墾咸菜甕地區（今新竹縣關西鎮一帶），是今日桃、竹、苗地區的開拓人物之一。

原住民與漢人混居之後，在服飾、生活習慣等多方面都已受到漢人文化的影響。

1867（同治6）年的美船羅發號事件，海難後部分劫後餘生漂流登陸的船員遭原住民殺害，美國領事直接找瑯嶠十八社大頭目卓杞篤談判；卓杞篤不卑不亢的表現，值得激賞。

1895年，日本接收台灣。「番秀才」望麒麟在評估局勢下，準備對日傳達善意，而遭漢人殺害，但事實的真象之一卻是收租恩怨。1896年間，日軍進入後山，台東馬蘭部落開拓者阿美族馬亨亨以「不可玷辱婦孺、征收農作物及侵占土地」與殖民政府談判，換得馬蘭部落的「和平」。

日軍第一次侵台是1874年的「牡丹社事件」，當時恆春瑯嶠十八社首領潘文杰向日輸誠；1895年，日本統治台灣，他也配合殖民政府的施政，還促成「恆春國語傳習所」的創立。

有閩南血緣的賽夏族獅里興社頭目日阿拐，是武裝抗日「南庄事件」的領導人。他在漢人勢力的環伺下，維護賽夏族人的權益。布農族拉荷‧阿雷更是點燃中央山脈抗日火苗的英雄，他的「山林游擊戰」，是對殖民政府「理番政策」的反諷。阿里山鄒族達邦部落頭目宇旺，也在日本治台後即率領族人歸順外來政權，在「和平相處」下，使日本人順遂地開發阿里山的山林資源。

日本的人類學者對台灣「番地」

的探勘調查，成績斐然；鹿野忠雄是其中傑出人物之一，他的成就，阿美族的托泰·布典曾給予不少的幫助。

日本殖民政府的「理番政策」，甚為偏頗。1930年，莫那·魯道領導族人抗暴的「霧社事件」，足以「驚天地、泣鬼神」稱之。

日治時代的醫學教育培養了3位原住民醫生，南志信和樂信·瓦旦（林瑞昌）是其中的二位。然而樂信·瓦旦因「匪諜案」被國民政府槍決，另一位也遭此橫禍是台南師範畢業的吾雍·雅達烏猶卡那（高一生），這位有音樂創作天分的鄒族菁英，也是殉難於白色恐怖。

1975年1月8日，匿居在印尼小島

原住民在日治時期留下了大量的影像，部分甚至作成明信片出售。

叢林30年的李光輝返抵台灣。這位阿美族的「老人」在年輕時是以「中村輝夫」之名，被征召南洋，由於他的「出現」，使得高砂義勇軍的故事和台籍日本兵的事跡，重見天日。

「平埔阿嬤」李仁記是「阿立祖」在凡間的「代理人」，她半生職司「尪姨」。另一位自認為「神的代言人」是台灣最傑出的運動員——「亞洲鐵人」楊傳廣，近年來他以乩童重現江湖。

我們希望，原住民「走進」台灣歷史，會使歷史更多采多姿。

工作愛拼，這支嘛著愛顧

Q 1645年，當荷蘭人與台灣中部最有勢力的大肚王會面時，為什麼帶著一根藤杖 **?**

1 幫他馬殺雞、消除大肚皮

2 暗藏尖刀，用來行刺大肚王

3 給荷蘭老先生作柺杖用

4 當作禮物，高貴不貴

4
A
當作禮物，
高貴不貴

這一根裝鑲銀飾、鐫刻有東印度公司V.O.C.徽章的藤杖，
是荷蘭人賜予村社頭人，代表公司行使權力的象徵物。
大肚王代表某些村社到大員參加地方會議，即成為公司認定並任命的頭人或長老；
在大肚王宣示服從之後，荷蘭東印度公司即授與他旗幟、衣物和藤杖。

17世紀台灣中部的平埔大王——大肚王
? ~1648

大肚王是從歷史文獻翻案出來的人物。荷蘭文獻中頻頻出現的Quata Ong，如果用福佬話唸，就是「大肚王」。他的名字叫做Kamachat Aslamie，中文譯名「甘仔轄」，是17世紀中葉台灣中部原住民社會，一個深具影響力的跨村落首領。

「甘仔轄」（Kamachat）不但是姓氏、村社名稱，也代表一種通用於中部原住民族間的語言，甚至是17世紀一個統領十幾個村社的家族名稱。一直到清代，我們還能夠在地契文書中，看到「甘仔轄」後裔與人進行土地交易、簽約定契。

大肚王統轄的村社，在鼎盛時期有27個，後來有10個村莊脫離了，但還是維持在17到19個之間。這些村落，主要分布在大肚溪到大甲溪之間的範圍。如果用今天的行政區分來看，就是台中縣和彰化縣了。以19世紀末的族群分類眼光來看，這些村落包含了拍瀑拉（Papora）、巴布薩（Babuza）、洪雅（Hoanya）、巴宰（Pazeh）和道卡斯（Tokas）等不同的平埔族。我們可以說，大肚王的統轄範圍，不但跨部落，也是多族群的。

當然，我們不能用現代國家觀念來想像「大肚王」的統治型態；其實，「番王」這一名稱也是漢人給的。「大肚王」在這

在台灣原住民史當中，除了高山系的卑南族、排灣族曾出現跨族群、跨部落的王之外，平埔系的原住民也曾出現過像大肚王這樣的統治者。

個存在於中部平原的多部落、跨族群聯盟組織中，基本上只是部落酋長，對其他村落沒有強大權力，只有鬆散的羈絆關係。

荷蘭人雖然早在1638年，就已經知道大肚王的存在，卻要等到1644年為打通台灣西部的南北陸路交通時，才以武力積極征討。大肚王和荷蘭人議定締結條款，同意和平相處；並從1645年起，開始參加荷蘭東印度公司所召開的地方集會，接受荷蘭人所頒給的藤杖與賞賜。自1645年至1654年，東印度公司的承包稅表上，一直都有這些地區的村社記錄。

1661年，鄭成功從荷蘭人手中取得台灣；當時，鄭軍由於軍援不足，前往中部屯墾取糧，而引起大肚王後裔的激烈抗爭。過去在荷蘭人壓制下，勢力曾略顯消沉的大肚王後裔，在抵抗鄭軍時，又恢復獨立自主的勢力，直到清朝統治台灣、漢人大舉入墾時，情勢才丕然大變。

1731～1732（雍正9~10）年，在中部平埔族群聯合抗清事件中，大肚王族裔的最後反抗失敗。此後，清廷利用「以番制番」策略，號召岸裡社群協助官府征伐叛眾，並將反叛族群的土地賜予岸裡社人。岸裡社群遂一枝獨秀，成為中部地區力量最為強大的族群。

台灣

發行人：王阿舍　發行所：遠流舊聞社

舊聞提要

1. 荷蘭在台總督於1644年發出捕鹿執照400張，預計將可獲鹿皮10,000張。
2. 滿州人在吳三桂的帶領下，1644年攻入山海關，占領北京。明亡，清帝國建立。明朝的福王朱

荷蘭召開地方集會

【本報訊】荷蘭東印度公司的「南部地方集會」（Suydelijcken Lantsdagh），1645年4月7日在大員舉行。與會者除來自南部地區平原村落的代表及長老外，還有新近歸附的大肚王等村社頭人。

荷蘭東印度公司自1642年成功驅離北部的西班牙勢力後，下一個重要目標，就是經由陸路連絡台灣南北、與中部平原大肚王（Quata Ong）統轄勢力對決。1644年10月12日，Piter Boon上尉在征伐噶瑪蘭、降服44個村落，並整頓雞籠、淡水的地方秩序後，便率軍從南崁出發，沿海岸線南下，掃蕩沿途村社，並與歸順的村社約定，以皮革向公司納稅。然而，由於天候不佳、兵員患病，大軍最後中途返回大員。

1645年1月20日，Piter Boon上尉與商務員C. Caesar、H. Steen等再率士兵210人，執行從大員到雞籠、淡水的道路開闢任務。這次遠征，大軍摧毀了13個村落的反抗

歷史報

1645年4月7日　穿越時空　獨漏舊聞

由崧在南京稱帝，同時李自成也自立為王。

3. 荷蘭人於1645年1月開闢大員到雞籠、淡水道路，確立台灣西部的統治權。

4. 荷蘭東印度公司於1645年3月8日、4月7日，分別在赤崁和大員召開地方集會。

讀報天氣：晴

被遺忘指數：●●●●○

▲ 荷蘭人於1656年興建普羅文西城（Provintia），今日已更名為赤崁樓。圖為清代《台灣縣志》中的赤崁樓。

大肚王首度參加引起注目

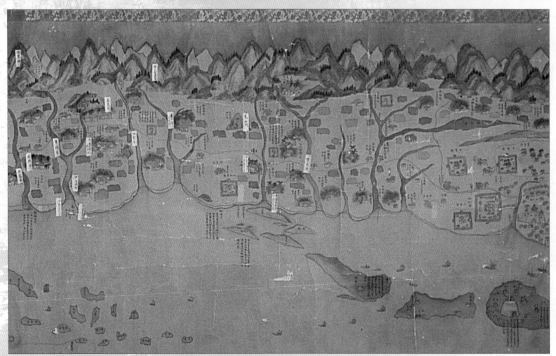

▲ 荷蘭人自1624年佔領台灣，最初十幾年範圍不出大員（今台南）一帶，也就是說，圖中右側大部份的原住民村社皆在其管轄範圍下。但自1635年開始，荷蘭人積極討伐大員附近村社，逐步往地圖左側擴張其勢力。

勢力，並且毫無損傷地在2月16日返歸大員。從此，台灣西部平原完全納入荷蘭東印度公司的統治，大員至淡水之間的交通也安全無處。

1645年3月8日，由荷蘭東印度公司召開的「北部地方集會」(Noordeelijcken Lantsdagh)在赤崁舉行；除了原有的45個村落外，此次征伐歸順的13個村落也派員參加，並且和公司締結從屬的和平關係。不過，以大肚王為首的新附村社，卻因準備不及而無法參加。

因此，1645年4月3日下午，大肚王與其他地區的頭人，在荷蘭通譯Joost van Bergen的陪同下抵達大員，參加4月7日的「南部地方集會」。此行，大肚王主要是與東印度公司締結和平條款、接受公司頒予的藤杖、服從公司統治、承認荷蘭東印度公司的領主權利。

「地方集會」，是荷蘭東印度公司對台灣原住民的統治策略之一：將全島分為北部、南部、東部與淡水4個集會區，每一個集會區分別統轄數十個村落，每一村設有人數不等的頭人，由公司發給衣袍、荷蘭旗與鑲有公司徽章的藤杖，做為服從公司的象徵。每逢地方集會召開，頭人必須出席報告各村的狀況；公司則在會中饗以頭人餐食、娛樂和禮品，並透過隆重的儀式與排場，展現公司的力量與權威。

▲ 17世紀西方人眼中的台灣原住民，將原住民描繪成有食人肉的習慣。

▲ 17世紀義大利所刊行的圖片，圖中把台灣原住民畫成有著近似西方人的五官，身上配戴有頭飾、頸飾、腕飾及踝飾。

大肚王年表
？～1648

● 出生年不詳。

1644
● 4月統領馬芝遴（Betgirem）與淡水(Tamsuij)之間的18個村社，其他村社則爲獨立狀態。
● 10月數次率領部落族人攻擊荷蘭軍隊。

1645
● 2月荷蘭東印度公司派Piter Boon上尉率兵偕商務員北上，以開通大員（今台南）至淡水的道路，並教化大肚王所轄各村社。
● 4月7日參加南部地方會議，並同意服從荷蘭東印度公司，領受了服從的藤杖。

1646
● 2月由其外甥持藤杖代表出席地方集會，東印度公司給了他10匹 Cangan布，並告誡他說，明年應由大肚王親自出席。

1647
● 3月親自出席集會，長官賜給他18匹坎甘（Cangan）布。

1648
● 3月去世，由其外甥Camachat Maloe成爲繼任人選。

【延伸閱讀】

⇨ 中村孝志，〈荷蘭統治下位於臺灣中西部的Quataong村落〉，1993，《台灣風物》43卷4期。

⇨ 周婉窈，《台灣歷史圖說》，1997，中央研究院台灣史研究所籌備處。

⇨ 翁佳音，〈被遺忘的臺灣原住民史—Quata(大肚番王)初考〉，1992，《台灣風物》42卷4期。

親親大王，請許我一
個……強盜？

清朝官吏贈送大批禮物給卑南王卑那來，希望從他那裡得到什麼好處？

1 每年獻上卑南族
美女一名

2 大王，親一個

3 協助清兵捉強盜

4 聽卑南王唱歌

3 ^A
協助清兵
捉強盜

1721（康熙60）年，朱一貴在羅漢內門（今高雄縣內門鄉）率眾起事，
在短短十幾天內陸續攻下台灣府城（今台南市）與鳳山縣城，並自立為王。
清朝政府收到消息後，派遣福建水師提督施世驃及南澳鎮總兵藍廷珍，率領軍隊來台灣，
不到一星期就將朱一貴等人捉拿到案、判處死刑，但是仍有不少漏網之魚竄逃到東部。
為了避免亂事再度發生，藍廷珍遂要求統領當地72部落的頭目卑那來，
協助官兵捉拿在逃匪徒。

統領72部落的東台灣大頭目——

卑那來

生卒年不詳

卑那來（pinalai），是卑南族南王部落的第18代頭目，世代族人皆稱他爲「卑南王」。卑那來從小生長在今日的台東縣大武鄉一帶，父親是漢人，名叫陳按，母親是當地的原住民，名叫Rumaman。根據歷代卑南族人所口傳下來的歷史，可以知道卑那來是一位頭腦靈活、反應敏捷的領導者；他的外型大約是中等身材，臉型方正、鼻梁高聳。

清廷將台灣納入版圖之後，一開始並不打算全心全力治理這個地方；而原住民所分布的東部地區，由於交通不便，因此清朝政府索性採取「封山」政策，禁止漢人前往開墾。當時，年輕的卑那來帶著族人打獵所得的鹿茸、鹿皮等物，翻山越嶺到屏東水底寮，與漢人交換布匹及稻種，帶回故鄉種植。從此，族人們改變了傳統只種植小米的耕種習慣。另外，卑那來還引進了漢人所使用的農具，及飼養家禽的習慣，改善了族人的農耕生產技術與生活。

卑那來在屏東經商致富後，娶了一名漢族女子「陳珠仔」回到家鄉。由於他的作爲給族人帶來了更好的生活，因而被推舉爲南王部落的頭目。當上頭目後的卑那來，帶領著族人擊退鄰近勢力強大的阿美族，並將他們趕到台東海邊一帶。此時卑那來聲勢如日中天，卑南族全族乃共同推舉他爲大頭目。

一般而言，台灣原住民各族，又可以向下細分許多不同的社群，每個社群各自有一個頭目來統領。歷來這些社群多各自爲政，幾乎沒有出現過一位能夠統轄全族的大頭目。然而，卑那來不但管轄了卑南全族絕大部分的部落，連鄰近的其他族群，像是阿美族、排灣族，每年也都必須按時向卑南社繳納稻

在卑南族的歷史中曾經出現「卑南王」時代。

卑南族的籃子，用藤所編成。

卑南族的日常器物，外觀以幾何形狀的花紋作為裝飾。

米以及服勞役。綜觀卑那來的勢力範圍，向北遠至花蓮瑞穗與大港口，向南到達台東大武，總計其統領的部落數目多達72個。任何一個部落，即使只獵到一頭野獸，也必須將一隻獸腿貢獻給卑那來。

1721（康熙60）年，台灣南部發生朱一貴率眾叛亂的事件，有餘黨數千人逃到東部，而東部地區並不在清朝政府的勢力範圍之內，清朝官吏只好求助於卑那來，並贈與大批精美衣料、袍服、帽靴。卑那來接受了清廷的餽贈，便召集轄下眾部落的壯丁，將逃匿捉拿到案。1787（乾隆52）年，全台各地抗清勢力被一一殲滅後，乾隆皇帝召各個協助清軍的土官上京晉見，曾協助捉拿亂黨有功的卑那來也在召見的名單中。卑那來此行獲得皇帝御賜的王袍、黃馬掛、花翎等衣物，另外，福康安將軍也贈送他賞功牌，以犒賞他的協助。

「卑南王」稱號，雖然是由清廷所封，但是卑那來卓越的領導能力，才是世世代代卑南族人視他為王者的真正原因。

台灣

發行人：王阿舍　發行所：遠流舊聞社

舊聞提要

1. 彩券全台大熱賣，12月2日首賣即狂銷千萬張。
2. 國立中正大學於12月4日頒發名譽文學博士學位給雲門舞集

卑南少年成年禮

【本報訊】本週五12月24日開始，台東縣南王部落一年一度的猴祭又將展開，祭典將連續舉行3日，預計會吸引不少觀光客前往觀賞這項卑南族的傳統祭典儀式。

卑南族的猴祭，是該族在訓練青少年過程中一項必經的儀式。在卑南族的社會中，男孩成長到十三、四歲時就要進入少年集會所生活，主要目的是藉著集會所的團體生活培養卑南族少年的團結意識，同時接受各項戰鬥訓練，像是培養體能、熟悉作戰方式等。族中長老也會在此時傳授部落的歷史，並告訴他們必須遵守的行為規範。

猴祭舉行的時間，大約在每年稻米初次收成之時。傳統上，

▲日治時期卑南族的猴祭，少年們正以長矛刺向籠中的猴子。

歷史報

1999年12月23日 穿越時空　獨漏舊聞

創辦人林懷民。

3. 綠島人群紀念碑公園於12月
10日揭幕啓用。

4. 12月24日卑南族南王部落將舉行猴祭。

讀報天氣：晴

被遺忘指數：○

猴祭即將盛大舉行

▲ 現代社會中的刺猴儀式實況。

祭典舉行之前，部落中的男子必須先到山上獵猴。捉到猴子之後，把猴子關到竹籠內，安置在部落內的祭場中央。等到族中長老一聲令下，巫師率先拿起竹矛向籠中的猴子刺去，接著由參加儀式的男孩們擲出竹矛，刺中猴子的人即可丟掉竹矛跑回部落，之後再回到祭場。最早回到祭場的人就是優勝者。

刺猴活動是整個祭典的高潮，最後再以部落中少年少女群起共舞，作為祭典的結束。

然而歷經時代的變遷，祭典的內容也有所改變或轉化，像是猴祭中的主角，已改由以草紮成的假猴代替。

將於本週五登場的現代猴祭，第一天男孩們必須打著赤膊、手持乾枯的香蕉葉，拜訪部落內的每戶人家，用意在驅除不祥、招來福氣，並迎接新的一年來臨。第二天在正式祭猴儀式開始之前，男孩們必須接受慢跑的體能訓練。祭猴儀式完成之後，族中長輩會為每個人戴上花冠，代表小男孩已經成長為少年；並且舉行祭亡猴儀式，將草做的假猴安葬在大自然中。在訓練過程中，家中的女性長輩，都會帶著豐盛的食物，前往集會所慰勞這些初次離家的孩子。而這3天的晚上，部落中的男孩女孩會一起跳舞，並且吟唱祖先所流傳下來的歌曲。藉由這個場合，他們可以開始學習與異性的相處之道。

▲ 在猴祭的前一天晚上，少年們手持乾枯的香蕉葉，前往各家作驅除惡靈的儀式。

▲ 慢跑體能訓練也是猴祭的重要活動之一。

從古老的部落傳統流傳至今日的猴祭，少年們從中所學習到的不再是族群之間交戰所需的勇氣與戰術，而是卑南族悠遠的歷史文化。

▲ 猴祭當天前來報到的少年，必須接受長老打屁股。這是一種服從的訓練。

▲ 猴祭最後的儀式「祭亡猴」，這是將猴子安葬在巫師指定的地點。

【延伸閱讀】
➪ 宋龍生編著，《卑南族的社會與文化》，1997，台灣省文獻委員會。
➪ 宮本延人，《台灣的原住民族》，1992，晨星。
➪ 林建成，《後山族群之歌》，1998，玉山社。

一人分一半，
鬥陣拆未散

Q 為了和漢人一齊開發台灣中部，18世紀台中地區大土官
潘敦仔同意了什麼條件 ？

1 把原住民美女嫁給
漢人羅漢腳

2 拿土地換水

3 每年收穫一半歸漢人

4 公開原住民的捕鹿
祕訣

2^A 拿土地換水

雍正年間，台中豐原一帶平埔族岸裡社的潘敦仔，
以業主身分邀請以張達京為首的漢人墾戶，共同投資興鑿水利、開發水田。
雙方議定，岸裡社割出草埔地權，來換取水圳權利與口糧租穀；漢墾戶則出資興建貓霧捒圳，
換取草埔地權及水利權。這個合作關係，後來被稱作「割地換水」。

雄才大略的
岸裡社大頭目——
潘敦仔
?~1771

潘敦仔本名敦仔阿打歪，大約生在清康熙後期，卒於1771（乾隆36）年。他是台灣中部巴宰族岸裡社群歷史中，最具傳奇性與影響力的人物。

清康熙、雍正年間，官府曾多次徵召驍勇善戰的岸裡社人，協助勘平吞霄、大甲、牛罵、沙轆等中部平埔村社的反

潘敦仔肖像。

亂，岸裡社因而倍受清廷重視，雙方建立了長期的軍事合作關係，官府並賞賜岸裡社今台中盆地的大部分土地。1715（康熙54）年，岸裡社頭目阿穆率領掃揀、烏牛欄、阿里史、樸仔籬等社歸化官府，同時被委任為第一代總土官，總理各社事務，從此開啓「土官家族」的歷史；潘敦仔，

即是潘家的第三代土官。

1721（康熙60）年，南部發生朱一貴事件，當時擔任土官的潘敦仔與通事張達京，率岸裡社眾守禦大肚溪，並擔任清軍嚮導，因此獲清廷賞賜六品軍功職。1731-32（雍正9-10）年，爆發大甲西社抗清事件，潘敦仔與張達京再度率社眾效力。事平後，西部平原各社勢力大受影響，清政府將牛罵社與沙轆社的部分社地畫歸岸裡社，並免除他們繳稅和服勞役的義務。1737（乾隆2）年，潘敦仔帶社勇隨淡水同知擒捕後壠加志閣社；1751（乾隆16）年，今台中縣霧峰一帶發生原住民焚殺兵民事件，潘敦仔也入山勘平；1766（乾隆31）年，潘敦仔再度招撫東勢內山的屋鰲、獅子、末毒等13社歸化。由於此類軍事行動，岸裡社的勢力逐漸推展進入大甲溪中、上游及大安溪以東的近山地區。

軍事力量還帶來政治地位、經濟權力的重整。以潘家為首的岸裡社，及以岸裡社為主的巴宰族，一躍而為台灣中部歷史舞台的要角。不僅如此，潘敦仔與張達京以合作發展出互利的共墾模式，也為雙方家族開拓長久的利源。

雍正年間，潘敦仔以業主身分邀請以張達京為首的漢墾戶，投資興鑿水圳、開發水田。岸裡社以土地所有權，與漢墾戶換取水圳權利與口糧租穀。歷史上稱為

繪於乾隆12年的潘敦仔行樂圖，由今人陳炎正仿繪。

「割地換水」的合作關係。

1758（乾隆23）年，清廷改變通事任用辦法，由略通漢語的「熟番」取代漢人擔任歸化村落通事。同年，潘敦仔接任岸裡社總通事，並從此傳遞23代。自此之後，總通事制度成為岸裡大社的組織核心。

潘敦仔集土目、社主和通事諸職於一身，不但是村落領袖，也是地方與官府之間的中介人物；因此，造就潘敦仔及其家族在岸裡社的權威地位。

然而，原本自主的村落社會，也因潘敦仔有義務聽命衙門的指令、提供勞役，而逐漸遭受官僚勢力的侵蝕，進而影響了村落的社會組織，並埋下日後子孫因爭奪總通事而分崩離析的悲劇。

台灣

發行人：王阿舍　發行所：遠流舊聞社

舊聞提要

1. 清廷1732年5月20日公告，台民之內地眷屬經地方官核准後，得入籍台灣。
2. 因協助清軍剿平林武力亂黨，岸裡社於1732年受封賜

剿林武力反亂有功

【本報訊】岸裡社土目潘敦仔於今日前往官府，請求彰化知縣宣告：岸裡社土地及大姑婆、校栗林等處鹿場為岸裡社所有，禁止他人惡意侵占。根據本報記者訪查結果，這兩處土地原屬沙轆社與大甲西社的社地，潘敦仔於1732（雍正10）年協助清軍平定大甲西社事件後，由朝廷賜予的。

大甲西社位於台灣中部海岸平原，在1731（雍正9）年12月24日，引爆了一場堪稱史上規模最大、涉及族群最多的反亂事件。此事件的關鍵人物，即為大甲西社的領導者林武力及其黨徒。

歷時將近一年的反亂事件，其實分為兩個階段。1731（雍正9）年12月到次年4月之間，淡水同知張弘章要求平埔族人參與建造衙門的工作，官府內的下級職員藉機對平埔婦女施以鞭撻與凌辱。林武力等人憤而結合崩山八社與岸裡社群的朴仔離社，攻打駐軍

1733年5月13日　穿越時空　獨漏舊聞

原大甲西社的土地。
3.淡水海防廳於1733年2月移駐竹塹。
4.張達京建築貓霧捒圳，1733年和岸裡
　社頭目潘敦仔達成「割地換水」合作
　開發協議。

讀報天氣：陰雨綿綿
被遺忘指數：●●●●○

▲鹿是17、18世紀台灣西部平原最
　重要的經濟物產。圖為原住民擲
　矛、射箭圍捕鹿群的情形。

潘敦仔申訴原大甲西社土地擁有權

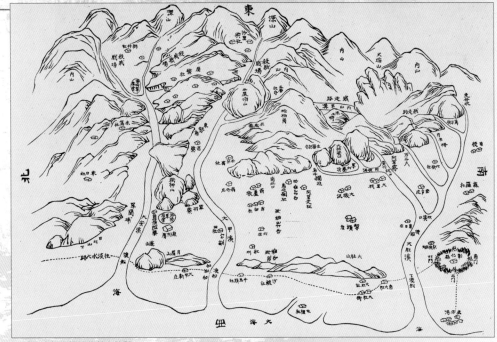

▲乾隆末年岸裡社的勢力範圍。

▲ 苗栗苑裡的公路局站牌，站牌上的地名「貓盂」是清代在地原住民社群的名稱。

▲ 在今日的台中縣大甲鎮，還可以看到以「日南社」命名的地名。

營房及淡水海防同知衙門，而造成大規模流血暴動事件。

　　1732（雍正10）年5月到11月，負責征勦大甲西社的台灣道倪象愷，縱容部下擅自殺害協助官軍運糧的南大肚社、沙轆社5名壯丁；不僅如此，還企圖將被害人假冒大甲西社人，藉此邀功獲賞。審理案件的彰化縣知縣，審案不公，竟將嫌犯無罪開釋。此事激怒了大肚、沙轆、水裡和牛罵等社人，攻擊並燒燬倪象愷家宅、彰化縣衙和牢獄等，甚至群起焚燬縣道衙門，趁勢殺害當地駐軍。這股抗清勢力，又與尚未平息的大甲西社等串盟，激起為期8個月之久的抗爭。清軍疲於應付，直到清朝政府徵召岸裡社人前來支援，清軍才逐漸扭轉劣勢。

　　事件過程中，林武力一直是最重要的主導者，在清軍的窮追不捨下，他率領社眾沿大甲溪、溯大安溪，深入內山。然而，最後各社無法再苦撐下去，只好將林武力縛綁起來送交官府，表示投降。林武力以「首惡」之名，在軍前遭斬首，清軍大獲全勝。

　　此次反亂，涉及的村落、族群皆元氣大傷，勢力從此一蹶不振。事後大甲西社、大肚社、牛罵社與沙轆社等社，分別被改名為德化社、遷善社、感恩社；大片祖先遺留的田園，則被官府沒收，以用來犒賞其他那些協助官兵的村社。以大甲西社事件相關村落的際遇，對照於岸裡社群，反叛與合作的結果，實有天壤之別。

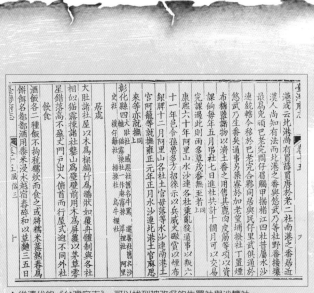

▲ 從清代的《台灣府志》，可以找到被改名的牛罵社與沙轆社。

潘敦仔年表
?～1771

- 出生年不詳。

1721
- 南部爆發朱一貴事件，與通事張達京帶領族人守禦大肚溪。

1731-32
- 爆發大甲西社事件，再度率領族人協助清軍捉拿亂黨。

1733
- 與張達京達成「割地換水」的合作關係。

1737
- 帶領族人跟隨淡水同知鎮壓反抗的加志閣社。

1740
- 巡台御史楊二酉賜「忠勇可嘉」匾額。

1751
- 今霧峰山區發生原住民殺害民兵事件，潘敦仔帶領族人進入山區驅散眾人。

1758
- 擔任岸裡社通事。

1766
- 招撫東勢內山的屋鏊、獅子、末毒等13社歸化朝廷。

1767
- 台澎兵備道蔣允焄賜「清時偉績」匾額。

1771
- 過世。

【延伸閱讀】
- 陳炎正編，《台中縣岸裡社開發史》，1986，台中縣文化中心。
- 陳秋坤，《清代臺灣土著地權—官僚漢佃與岸裡社人的土地變遷》，1984，中央研究院近代史研究所專刊74。

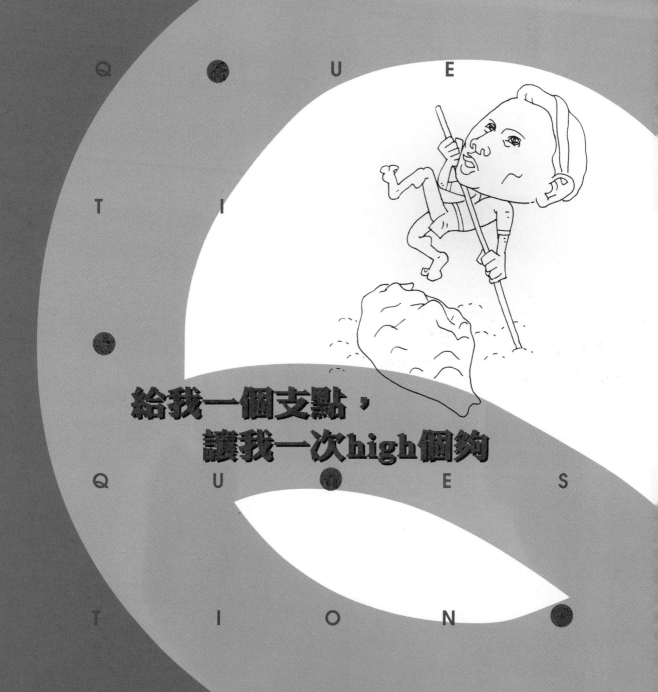

給我一個支點，
讓我一次high個夠

Q 巴宰族的潘賢文原本居住西部，他有什麼本領，竟然能夠翻越中央山脈到宜蘭**？**

1 他是世界跳高比賽的金牌冠軍

2 他有飛天鑽地的祕密武器

3 他有鳥槍部隊

4 他有官府發給的特殊通行證

3^A 他有鳥槍部隊

潘賢文從西部遷徙到東北部的路線，必須穿越泰雅族群的生活空間和活動範圍，這是相當艱難的路線和嚴厲的挑戰。潘賢文能夠成功越界，是因為他的團隊攜有鳥槍，成員多是壯丁，曾在西部守屯，並具有和泰雅族攻防戰鬥、交涉相處的經驗。

帶領平埔族移墾後山的第一人——潘賢文

?~1810

潘賢文是18世紀下半的巴宰族岸裡社人。由於競爭總通事職位失敗,而率領支持者,組成多族群、跨部落的開墾集團,翻越中央山脈,進入蘭陽平原爭取開墾空間,最後死於清廷極刑之下。

1793(乾隆58)年,岸裡社總通事潘明慈過世。此時,有兩派人馬意圖競逐總通事職位;最後,由潘亮慈一派脫穎而出。潘亮慈接任通事後第4年,潘賢文意圖爭取總通事職位,因而與漢人張欽尚聯合向官府控告潘亮慈,並請求革除他的職位。由於官府全力支持潘亮慈,潘賢文一派遂在岸裡社群失去競爭優勢。

1804(嘉慶9)年,潘賢文在粵人鍾興雅的鼓動下,結合了西部平埔各族,包括岸裡、阿里史、阿束、烏牛欄、東螺、北投、大甲、吞霄等社千餘人眾,組成開墾集團,打算到蘭陽平原爭取開墾空間。他們由大甲溪上游,進入東勢、卓蘭交界,再翻山進入大湖、獅潭、三灣一帶,過中港溪,上斗換坪,經竹東丘陵,再從桃園台地丘陵最高處,深入復興鄉大料崁溪,轉進噶瑪蘭。最後,從今礁溪、員山鄉一帶進入平原,來到漢人正全力進墾的蘭陽溪以北一帶。

蘭陽平原當時的噶瑪蘭原住民,男、女合計約有5,000人;但以潘賢文為首的這群西部平埔族,卻以青壯男子為主。不僅如此,由於這群人擁有多支鳥槍,還有翻山越嶺的體能,和防守高山原住民的戰鬥經驗,連漢人都對他們甚為忌憚。漢人最後採用緩兵策略,並以糧

潘賢文率領族人翻山越嶺至蘭陽平原開墾。

蘭陽平原上的原住民：噶瑪蘭人。

食換買鳥槍，削弱他們的戰鬥力。

　　1806（嘉慶11）年，蘭陽平原發生漳
泉械鬥，西部平埔人也被捲入其中；為了
遠離禍端，潘賢文等人在次年遷徙到蘭陽
溪以南，開墾今羅東一帶。1809（嘉慶14）
年，漳、泉又鬥，漳人首領率壯丁百人，
深夜從今三星地區潛入羅東，攻擊西部平
埔人的村落；社人驚潰，逃入噶瑪蘭村
落，漳州人遂占有羅東。

　　1809（嘉慶14）年，潘賢文與漳州人
林岱，在蘭陽溪南岸設路障，不准泉州人
過溪貿易。受困的泉州人卻在阿束社的暗
助下，從後山出走。潘賢文遂帶領數十人
殺害阿束社人及泉州人陳三夫婦等。因此
官府將潘賢文捉拿到案，並於隔年7月，
在市集內將潘賢文當眾處死。西部各社的
力量，及他們在蘭陽平原具有的「關鍵少
數」地位，在失去領導者潘賢文後，終於
逐漸渙散消泯。

台灣

發行人：王阿舍　發行所：遠流舊聞社

舊聞提要

1. 總督府9月2日召集林獻堂
等30餘人在台中會談，議決
停止進行了15年的議會設置
請願運動。

2.「台灣米統制對策研究會」

▲ 羅東慈德寺今日外觀。

歷史報

1934年9月25日 穿越時空 獨漏舊聞

9月20日開會，一致反對以差價購買台灣米。

3. 台中清水9月23日發生蔡淑悔事件，影響所及，台中、台南等地共有427人被捕。

4. 原有「番仔廟」之稱的羅東慈德寺重修完工，改為漢族的城隍廟。

讀報天氣：豪雨

被遺忘指數：●●●●○

少數族群夾縫中求生存
平埔潘賢文神位併入漢族城隍廟

【本報訊】始建於清道光年間、主祀觀音佛祖的羅東慈德寺，原屬大眾廟性質。由於屋身朽壞重修，終於在日前完工。

　　改建後的慈德寺，併祀城隍爺，成為本地城隍廟。此廟，又有人稱為「番仔廟」；因其同時奉祀「羅東功德主賢文、茅格之神位」，可說相當罕見。所謂「賢文」，是指1804（嘉慶9）年率西部平埔各族移民至蘭陽平原的通事潘賢文，茅格則是他們的土目。兩人在1810（嘉慶15）年，因涉及漳泉械鬥命案，同遭清廷處死。

　　西部平埔族違背清廷禁令，長途跋涉、追求新天地，是宜蘭史上的重要大事。他們組成跨部落武力開墾集團，初入蘭陽平原，即對噶瑪蘭人造成很大的衝擊。因此，1810（嘉慶15）年，噶瑪蘭加禮宛等社頭目請求

▲ 為感念潘賢文與茅格兩人的開墾之功，後人為他們立牌位，並建廟奉祀。

清政府將他們收入版圖，並控告潘賢文等西部族群侵占他們的土地；噶瑪蘭加禮宛等社希望清政府能設立通事，以免他們一再受到欺凌。

除此之外，西部平埔族還涉入漳、泉、粵三籍漢民的紛爭，進而扮演關鍵少數的角色。同時，因為他們入蘭的目的在農業拓墾，所以又成為所有漢人注目的對手。

▲ 楊廷理像。楊廷理曾極力主張將蘭陽平原納入清朝版圖。清朝於嘉慶17年設立噶瑪蘭廳後，便命他擔任首任噶瑪蘭通判。

後來，在漢人以糧食換買鳥槍的方式下，西部平埔族不知不覺間被削弱了戰鬥力；由於屢次捲入漳泉械鬥，他們從溪北轉戰溪南，最後連主要根據地羅東也失去。領導者潘賢文與茅格的死亡，及缺乏具跨部落聲望的繼起者，是西部平埔族勢力衰頹的最大因素；而噶瑪蘭的收入清廷版圖，則使他們陷入尷尬的族群處境。

清廷初設噶瑪蘭廳時，分別在溪南、溪北制訂「加留餘埔」、「加留沙埔」制度，以保留部分土地所有權給噶瑪蘭人。如此一來，西部平埔諸社成為最大受害者。他們既非本地原住民，無法得到「加留制」的安頓；他們的田園，還須照規定繳納土地稅或

「番租」，負擔更形加重。與漢民相較，他們在人數、資源與實力也缺乏競爭力。所以，清廷設廳治後，西部平埔族反而成為夾在漢民與噶瑪蘭人的族群隙縫間的真正「少數」族群了。

▲ 宜蘭縣三星鄉的地理環境，不僅土壤貧瘠，又容易遭受河水氾濫。

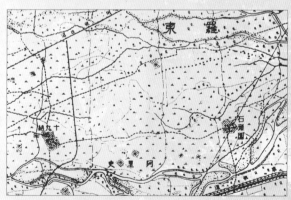

▲ 此為日治時期日本人繪製的「台灣地形圖」，從圖中可見到羅東市街左下方有一個名為「阿里史」的聚落。

由於他們在羅東初開的土地已被漢人襲奪，又沒有社地可供退路，只好落腳在噶瑪蘭村落周邊，或沿山荒廢、土質不佳的沙礫地。在環境惡劣、生存困難的情形下，他們終於在同治、光緒年間放棄原來居地，與噶瑪蘭人共組開墾集團，向漢人借貸資金，入墾叭哩沙（今三星）。

到今天為止，這些西部平埔族的後裔，仍居住在以原鄉社名命名的阿束社、阿里史、岸裡、東螺、北投等地。與外族的界線，也仍然清晰。

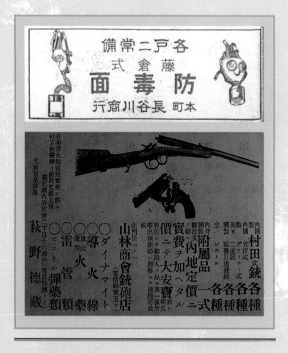

潘賢文年表
?～1810

● 出生年不詳。

1797
● 聯合漢人張欽向控告潘亮慈，但失敗。

1804
● 聽從粵人鍾興雅的鼓勵，結合西部平埔族各社前往東北部的蘭陽平原開墾。

1806
● 捲入蘭陽平原的漳泉械鬥。

1807
● 遷徙到蘭陽溪以南，開墾今羅東一帶。

1809
● 與漳州人林岱在蘭陽溪旁設置路障，不准泉州人過溪貿易。雙方發生爭鬥，數名泉州人與平埔阿束社人被殺。
● 被官府捉拿到案。

1810
● 被當眾處死。

【延伸閱讀】
⇨ 陳秋坤，《清代臺灣土著地權——官僚漢佃與岸裡社人的土地變遷》，1984，中央研究院近代史研究所專刊74。
⇨ 詹素娟、潘英海主編，《平埔族群與臺灣歷史文化論文集》，2001，中央研究院臺灣史研究所籌備處。

番薯禁地，漢堡謝絕參觀？!

Q 清政府為防止漢人和原住民接觸並發生衝突，想出了什麼妙招 **?**

1 作一個捕快形狀的
假人放在路中央

2 在平原與山地之間
畫一條分界線

3 一經逮捕，
必須打屁股

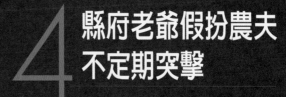

4 縣府老爺假扮農夫
不定期突擊

2 A 在平原與山地之間畫一條分界線

土牛界

基於治安和管理的需要，清廷不希望無業或犯法的漢人逃入深山，也害怕山地原住民到平地出草殺人，所以採取「分疆畫界」的隔離政策；到了乾隆年間，更發展出「生番在內，漢民在外，熟番間隔於其中」的三層制。竹塹社從原鄉搬遷到土牛界守邊，並在衛阿貴的年代開疆拓土，形成新家園。

關西竹塹社的開墾之祖——衛阿貴

1750~1821

清乾隆、嘉慶年間，以開墾土牛界土地而在歷史上留名的衛阿貴，是道卡斯族竹塹社關西衛家的第二世祖先。

依19世紀末的族群分類，竹塹社被歸爲平埔族道卡斯族（Taokas），原分布在今新竹縣香山、鹽水港一帶。據1654年的荷蘭戶口資料，當時還叫做Pocaal的竹塹社，約有149戶、523人。清領台不久，竹塹社即歸誠清廷。1733（雍正11）年，官府修築淡水廳城，社人因此遷往北門城外。1749（乾隆14）年，由於頭前溪氾濫，社眾再往金門厝溪與鳳山崎溪流域移動，而逐漸深入山區。

乾隆末年，竹塹社改換漢姓，分出錢、廖、衛、潘、三、金、黎等7姓；其

乾隆中葉台灣地圖中的紅線與藍線，即是清政府畫定的土牛溝界線。

中，衛姓可以再分爲關西衛家、衡山衛家、新社及溪州衛家、打鐵坑衛家、番仔陂衛家與北埔衛家等。衛阿貴，即是關西衛家的第二世祖先。

雖然清廷有保護原住民土地之心，卻難以落實；乾隆初年，竹塹社原鄉的土地即已大部分賣給漢墾戶。1750（乾隆15）年起，清廷以「土牛線」爲界，將界東土地保留給平埔族。1761（乾隆26）年，更全面修築土牛溝、禁止漢人逾越私墾，由平埔族設隘守界，即所謂的「隘墾區」。由守隘吸取的寶貴經驗，使竹塹社有能力參與隘墾區的開墾工作，進而建立屬於自己的新天地。

衛阿貴的時代，是衛家開疆拓墾的時代。早在1773（乾隆38）年，衛阿貴就已開始招佃開拓五分埔（今新竹縣新埔鎮內）。1784（乾隆49）年，更由五分埔沿鳳

衛阿貴在清朝畫定的隘墾區內開墾。

圖中紅線圍成的區域，原本是竹塹社人開墾的地區，但卻被漢人朱姓、林姓所占。除了面對漢人不斷的搶占土地，竹塹社人還必須在沿山一帶設置望樓，防禦高山原住民的攻擊。

山溪往水汴頭方向繼續開墾，並以五分埔為起點，沿霄裏溪北上開拓大茅埔、照門、石門（今新竹縣新埔鎮內）一帶。

乾隆末年，漢人連際盛向官府申請開墾，成為咸菜甕（古名美里庄，即今新竹縣關西鎮）一帶墾戶，衛阿貴則擔任美里庄隘首。由於開墾工作不順，1797（嘉慶2）年，連際盛將墾權讓渡給衛阿貴；於是，衛阿貴成為墾戶兼隘首：即「隘首墾戶」，開始建立咸菜甕家業，並在今日的關西老街設置公館。向衛家承租土地耕種的佃農，都要來此繳交部分收成的租穀。

衛阿貴有4個兒子，其中以衛福星較為人知；子福星，孫壽宗、榮宗，曾孫國賢等，皆繼任墾戶，從事隘墾工作。但因人丁並不興旺，自四世孫後，已無後嗣；後來，將土地給墾漢人杜家，收養杜家兒子以傳續後嗣。因此在衛家公廳的廳爐上，可以同時看到「杜」、「衛」兩字。

1812（嘉慶17）年，衛家開始變賣土地；1888（光緒14）年，台灣巡撫劉銘傳實施土地改革；日治時代，日本政府將大租權廢除。這一連串的變化，使衛家終於流失土地，日漸沒落，榮光不再。

台灣

發行人：王阿舍　發行所：遠流舊聞社

舊聞提要

1.總統府於3月21日舉行音樂會，傳統戲曲首次登場。
2.中央研究院於3月28日通過成立台灣史研究所。

▲采田福地外觀。

歷史報

1993年4月8日　穿越時空　獨漏舊聞

3. 大陸民航客機4月6日遭2名大陸青年劫持來台。
4. 三級古蹟「采田福地」，即將舉行竹塹社傳統祭祖活動。

讀報天氣：晴朗
被遺忘指數：●

▲ 傳說此為衛阿貴的墓碑。

竹塹社三級古蹟采田福地
祭祀七姓祖先活動展開

【本報訊】新竹縣竹北市新社村「采田福地」的管事先生們，正為了行將到來的農曆3月16祭祖日積極準備中。

又稱「番仔祠堂」的「采田福地」，是道卡斯族竹塹社祭祀祖先與福德正神的廳堂。它不但已被列為三級古蹟，也是台灣平埔族群現存文物中極具規模的處所之一。

「采田福地」建於1797（嘉慶2）年，是竹塹社為收取番大租，及祭祀錢、廖、衛、潘、三、金、黎7姓祖先的公館。幾經燬壞與重修改築後，於1876（光緒2）年建成今日的「采田福地」。至於我們現在看到的外觀，則是1988（民國77）年，由竹塹社7姓祭祀公業管理委員會整修而成。

此一委員會成立於1978年，平常負責管理「采田福地」；主要經濟來源，在清代是

▲ 衛家祖墳，墓碑上方有「杜」、「衛」雙姓及「竹塹社」三字。

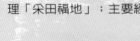

衛阿貴 53

口糧大租，現在則是祖產及利息所得。每年的農曆3月16日和11月16日，是竹塹社的傳統祭日；其餘，還有2月初2土地公生、12月16日尾牙，及清明祭祖、中元普度等祭典。參加祭典的，主要

▲ 采田福地供奉的番王爺像。

是族人及當地居民；近來，則吸引不少媒體及對平埔歷史文化感興趣的外來者。

所謂「采田福地」，合「采田」兩字為番；「福地」則是福佬人對土地公廟的稱呼，這是新竹地區所獨有。「采田福地」祀有土地公、文武狀元、竹塹社7姓祖先牌位、孔子及虎爺。

據瞭解，傳統儀式需準備生豬肉、生雞鴨、生魚、麻糬與酒等物，置放地上；祭拜祖先時，由耆老用母語呼請。1986年中元普度祭祖，則是最後一次以生豬肉等三牲做為祭品；其後，至今不再用生肉。

在傳統祭典中，還有稱為「走田」的賽跑儀式。由青壯男子奔跑競賽，以勝負頒給獎賞，然後飲酒作樂。日治時期仍有舉行，由青壯男子繞跑社地一圈，但名稱似乎改為「運動會」。

太平洋戰爭期間，由於台灣總督府大力推行皇民化運動，加上物資缺乏，祭典曾暫時中斷。戰後，竹塹社恢復祭祀活動，由各

▲ 采田福地正廳內豐盛的祭品。

姓管理人代表，輪流備辦三牲、水果、酒、金紙。此時，已多用客家話呼請神明、祭拜祖先。今天，竹塹社祭祀公業的祭典，幾已不存傳統儀式，大部分已經客家化，並稍微福佬化與道教化了。

▲ 竹塹社的祭典已逐漸失去傳統特色。

衛阿貴年表
1750~1821

1750
● 出生。

1791
● 向官府申請開墾，獲得開墾權成為墾戶。因開發地區鄰近賽夏族、泰雅族活動地，因此兼隘首招募隘丁來保護佃農。

1792
● 開墾坪林、下南片、下橫坑、石崗仔等地，因不斷遭受泰雅族襲擊，遂轉向大茅埔、三治水等地。

1794
● 擔任榮甕一帶美里庄隘首，並將美里庄改名為「新興庄」。

1796
● 向竹塹社人買新埔一帶土地開墾。

1797
● 擔任美里庄墾戶。
● 招攬佃農陳如六開墾深坑仔一帶。

1800
● 招攬佃農江日秀前來開墾。

1804
● 在今日關西老街設墾務課館，辦理開墾事宜。

1821
● 病逝，留下的開墾事業由其子福星、金星、平星、祖星、賜星與其孫壽宗繼承。

【延伸閱讀】
↪ 新竹縣85年全國文藝季，《采田福地竹塹社文史專輯》，1996，新竹縣立文化中心。
↪ 潘英海、詹素娟主編，《平埔研究論文集》，1995，中央研究院臺灣史研究所籌備處。
↪ 陳柔森主編，《再見刺桐花開》，1999，常民文化。

男生女生ㄅㄟˋ，
　　阿督仔和我最速配

Q 美國駐廈門領事李仙得，前來恆春與卓杞篤會面時，
他要求卓杞篤**？**

協助遇難的美國船員 **1**

教他番踏舞的跳法 **2**

帶他遊覽恆
春半島 **3**

為卓杞篤拍寫真集 **4**

1 ^{A} 協助遇難的美國船員

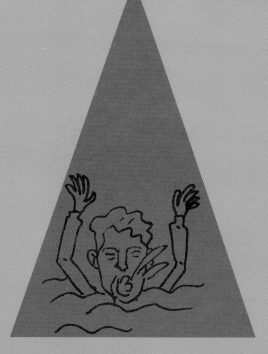

1858（咸豐8）年，台灣正式開放港口對外國通商，美國、英國、法國等外籍商船，
紛紛來到台灣經商。由於台灣沿海海象多變，船隻容易遭受暴風侵襲而翻覆，而且不少漂流到岸上
的船員，不但未受到當地居民的救助，反而被劫掠隨身的財物，有時連性命都難保。
1867（同治6）年，美籍商船Rover號在台灣南端觸礁，落難的船員遭到當地原住民殺害。
美國請求清朝政府處理卻未獲重視，美方遂自行派遣軍艦2艘，前往攻擊原住民部落。
清朝政府為避免事態擴大，便派遣台灣總兵劉明燈偕同美國領事李仙得，率兵至恆春車城。
但此時李仙得改採談判策略，在當地有力人士的安排之下，與當地部落領袖卓杞篤會面，
並共同協定：日後若有船隻遇難，當地部落必須伸出援手給予救助，這件國際糾紛才得以落幕。

瑯嶠十八社大頭目──
卓杞篤
？~1873左右

卓杞篤（tok-e-tok），是19世紀恆春地區斯卡羅族豬勝束社的頭目，也是瑯嶠十八社的首領。據說卓杞篤的個子不高，身材十分結實，到了晚年仍舊給人一種活力充沛的感覺。

清代的恆春地區，有許多族群在此地活動，包括排灣族、斯卡羅族、阿美族、平埔族的馬卡道族以及漢族。其中，斯卡羅族的勢力最為龐大，其他族群都必須向他們租借土地、並定期繳納租稅。

斯卡羅族共有4個社群，其中以豬勝束社的勢力最大，因此豬勝束社的頭目也是斯卡羅族的首領，排灣族等部落都必須

瑯嶠十八社的原住民，聚集在大頭目卓杞篤家門前。

聽命於他，隨時聽候差遣。

斯卡羅族是從台東的知本遷來恆春地區，屬於台東卑南族的一支。他們在屏東落地生根之後，不論是在生活習慣或是語言風俗各方面，都逐漸受到排灣族的影響；清朝政府甚至將斯卡羅族歸於排灣族之中，合稱為「瑯嶠十八社」。

1867年，美籍商船Rover號在蘭嶼附近觸礁，船上人員後來在台灣南端的瑯嶠尾（今恆春）登岸，卻被當地的龜仔角社人所捉，部分船員甚至遭到殺害。美國駐廈門領事李仙得（Charles. W. Le Gendre）知道這個消息後，隨即設法營救其他倖存船員，並要求清朝政府盡快找出兇手。

事實上，清朝政府在瑯嶠地區的勢力非常薄弱，當地真正具有影響力的統治者是瑯嶠十八社的大頭目卓杞篤，所以後來李仙得便放棄與清朝政府交涉，轉而要求與卓杞篤談判。1867年10月10日，李仙得偕同英國商人必麒麟（W. A. Pickering）等人，來到恆春與卓杞篤會面。雙方討論之後，卓杞篤允諾對方：日後如果有船員遇難在當地登岸，他所管轄的各部落會伸出援手；如果船員要上岸取水，可舉起紅旗當作信號，族人們看到這個信號，就可以放鬆戒備。另外，李仙得希望能在龜仔角附近興建堡壘，卓杞篤則擔心會為族人帶來不幸，而拒絕對方的要求。

在與李仙得談判的過程中，一開始卓杞篤無法確知這群陌生人的來意，所以就由一批頭目與多名族人在旁護衛，他自己還將槍放在膝間，隨時保持警戒的狀況。他說：「倘若你們是為武力解決而來，我們當然要抵抗，其結果如何，無法答覆；倘若相反的希望和平解決，則我們以後將永久的和平。」當李仙得表明善意之後，卓杞篤隨即把槍放在一旁。其實，卓杞篤並非是清朝政府眼中野蠻無禮的「生番」，而是一位通情達理並且講求對等原則的部落領袖。

經過這次事件，卓杞篤與李仙得、必麒麟等外國人，建立了友好的關係。之後李仙得曾攜帶各式珍奇的禮物，再度拜訪卓杞篤，卓杞篤也熱情地設宴招待這位友人。他們之間的協定，也一直被族人們忠實地遵守著。

Rover號遇難事件發生後不久，台灣鎮總兵劉明燈派人傳話給卓杞篤，請他來官府商討漢人與「番人」的相處問題，然而清朝政府的心態老大，以統治者身分自居，讓卓杞篤覺得沒有受到應有的尊重，因此不願意再與清朝政府進行無意義的對話。只派遣了他的兩個女兒，在必麒麟的護送之下，前往表達卓杞篤的心志。

卓杞篤長期以來有酗酒的習慣，最後因此而過世。

發行人：王阿舍　發行所：遠流舊聞社

舊聞提要

1. 美籍商船Rover號3月12日觸礁，上岸船員遭龜仔角社原住民襲擊並殺害。
2. 英商杜德（John Dodd）在台

必麒麟居中斡旋

【本報訊】美籍Rover號船員遇難事件發生至今，陸續有美籍官員與家屬代表來台，希望能救出船難的倖存者、找回罹難者的遺骸，帶回美國安葬。但是台灣的統治者——清政府屢次以瑯嶠地區不在其管轄範圍內而加以推託，美方代表在絕望憤怒之餘，轉而尋求英國貿易商必麒麟的協助，前去與瑯嶠十八社首領卓杞篤談判。

必麒麟（W. A. Pickering）是台灣打狗海關、安平海關的職員，也是英國商行天利行與怡和洋行台灣分店的負責人。在1863年來到台灣之前，他曾擔任水手，航行於緬甸、泰國、中國、馬來群島沿海長達6、7年。來到台灣以後，他基於經商的需要以及對台灣風土民情的興趣，而學習台灣多種語言，包括閩南語、原住民的語言等等，因此他常常擔任外國人的翻譯。

當Rover號事件發生後，6月底詹姆士·

歷 史 報

1867年9月31日 穿越時空 獨漏舊聞

灣北部山區試種烏龍茶。

3. 英商德記洋行在安平開設分店。

4. 美國領事李仙得與瑯嶠十八社頭目卓杞篤會面，針對Rover號事件討論船難救助事宜。

讀報天氣：雷陣雨

被遺忘指數：●●

▲ 堪稱「台灣通」的必麒麟，自1864年來到台灣，至1870年因為身體狀況不佳而返回英國，總共在台灣待了7年之久。

美國將與卓杞篤談判船難善後

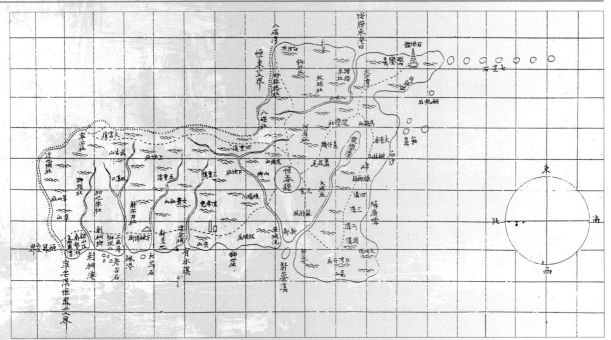

▲ 清朝時期的恆春地圖，從圖上可知豬勝束社、龍鑾社皆位於近港口之處。

▲ 在美國領事李仙得一再要求之下，清朝派遣台鎮總兵劉明燈率領5、6百名士兵，準備前往瑯嶠攻打該地的原住民部落。

▲ 圖為日籍畫家鹽月桃甫1935年作品——「鵝鑾鼻」。鵝鑾鼻燈塔是在1867年美商船Rover號發生船難後才興建的。

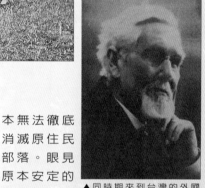

▲ 同時期來到台灣的外國人，以傳教士居多。1864年來到台灣宣教的馬雅各即是一例。

霍恩（James Horn）代表船員親友來台。在必麒麟的陪同之下，霍恩等人首先打聽到罹難者遺骸是在龍鑾社（Ling-nuan）原住民的手中，這個部落就居住在殺害Rover號船員的龜仔角社原住民的附近。他們設法找到了幾名龍鑾社族人，並由必麒麟與他們交涉。龍鑾社族人原本希望這些外國人能出高價將這些遺骸買回去，必麒麟則努力說服他們不要看近利，要看長遠和美國人交涉所得到的好處。在費了一番唇舌之後，必麒麟終於和龍鑾社人達成協議。

另一方面，在美國駐廈門領事李仙得的強烈要求下，清朝政府終於下令，派台灣總兵劉明燈率領軍隊5、6百人，準備前來攻打龜仔角社等部落。此舉卻引起了當地漢人一陣恐慌，因為清朝軍隊只會踐踏農作物，根本無法徹底消滅原住民部落。眼見原本安定的生活要被破壞，閩南人與客家人首領趕緊分別拜訪必麒麟，商討和平解決之道，客家人首領並表示將勸豬勝束社頭目卓杞篤，出面承諾其所管轄的部落，不再殺害漂流上岸的落難船員，並盡全力提供協助。

必麒麟認為這樣的協議十分合理，於是當他在枋寮與李仙得見面後，便提出這項建議，而李仙得也邀請他權充翻譯，前去與卓杞篤協商。這項談判預計將於近日內，出現令雙方滿意的結果。

【延伸閱讀】

⇨ 必麒麟著、陳逸君譯，《發現老台灣》，1994，台原出版
  社。

⇨ 遠流台灣館，《恆春半島深度旅遊》，2000，遠流出版公
  司。

⇨ 劉克襄譯著，《後山探險——19世紀外國人在台灣東海岸的旅
  行》，1992，自立晚報文化出版部。

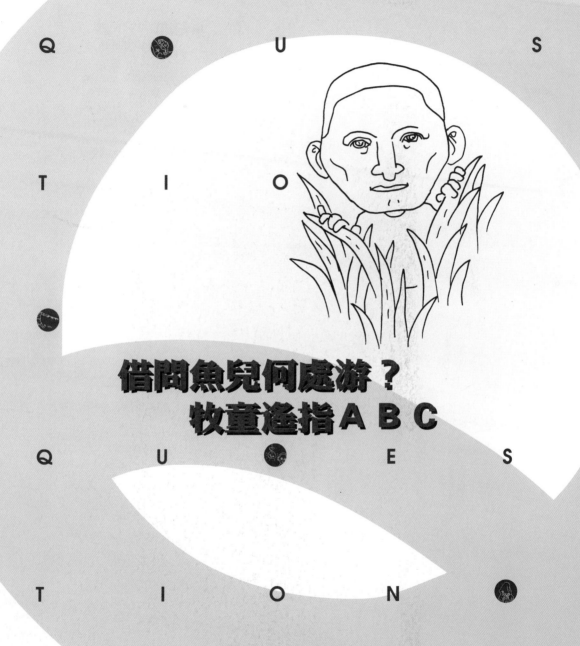

借問魚兒何處游？
牧童遙指ＡＢＣ

1 蹲在河邊看魚兒
逆流而上

2 每天表演「小放牛」

3 捉螢火蟲準備晚上看書

4 跟神祕老人學ABC

2 ᴬ 每天表演「小放牛」

望麒麟的獨生女望阿參女士。

望麒麟童年喪父、家世伶仃孤苦,無法如同齡小孩入塾學習,
卻要趕牛吃草、在田野看守牛隻。不過,望麒麟放牛之餘,
常會跑去書房外、趴在窗臺上聽課。這個室外學生,終於引起老師注意,
得到特意栽培;望麒麟也不負期待,日後果然考取秀才。

末代埔番傳人──
亡望鹿其鹿舛
1861～1895

望麒麟是埔里地方的埔番後裔，享有祖先遺留的土地與亢五租收入。清、日政權交替之際，其身家財產與收租恩怨引來殺機而遭人謀害，是族群衝突的犧牲者。

原分布於埔里盆地眉溪以南的埔番，是歷史文獻中所謂的「埔裏六社」之一，也是早期居住在埔里的原住民。清道光年間，西部平原的平埔族與埔番簽定和約，然後集團性地大舉遷入埔里開墾。其後，漢民也隨著平埔人的腳步進墾埔里。在大量外來者的勢力擴張下，埔番的生存空間日益緊縮、人口也沒落減少，只剩下祖遺「亢五租」的收取，以維持生計。

望麒麟是清末碩果僅存的少數埔番後裔之一，生於1861（咸豐11）年。6歲時，父澳漏、伯父督律先後去世，雖然只留下一對伶仃母子，但所有產業都歸望麒麟繼承。後來，母親莫娘再嫁楊姓漢人男子，望麒麟也隨著母親遷居恆吉城（今埔里鎮大城里）。

少年望麒麟，常一邊放牛，一邊跑去趴在書房窗臺上聽老師講課、學寫字。日久天長，老師看他聰敏，也就特別教導、栽培他。21歲時，望麒麟首度參加考試；雖然榜上無名，但已經顯露他在學業上的進展。次年，望麒麟再到台南府城應試，終於通過、成為秀才。這就是人稱望麒麟「番秀才」的由來。

望麒麟娶妻莫玉，生有一女，名叫阿參；又抱養一子，取名雲奇。埔番人數稀少，當時大概只剩下十來名。望麒麟連同母親一家五口，算是埔番裡的多數。自父祖以來，由於向他們租佃田地的漢民，經

番秀才望麒麟。

常拒繳租穀，導致紛爭不斷。因此，光緒初年，官府將田業全數畫歸望麒麟名下。

1895（明治28）年，正值政權交替之際，清朝官員畏懼先逃，地方陷入無政府狀態，民眾只好以武力聯合自保，組成民軍、迎擊敵人。日軍南下中部，發生埔里社之役，民軍試圖襲擊日軍。然而同時，埔里因族群多元、利害關係糾葛，情勢更形複雜；相較於漢人的抗日，平埔族首領、埔番後裔及某些漢人，則計畫引領日軍進入埔里。望麒麟為聯絡日軍，隻身從阿里史（今埔里鎮鐵山里）赴北港溪傳遞情報，漢人大地主張省三得知，趁機派6名壯丁埋伏在路旁一間供休息之用的樟腦寮，暗殺望麒麟。雖然望麒麟並非文弱書生，也曾持刀力抗，但隻身仍不敵6人，終於一命嗚呼，時年35歲。下手的6人中，有5個是巴宰族（Pazeh），背後指使的，則是漢人。望麒麟的被殺，表面上看好像與抗日或聯日有關，其實真正的原因是為了亢五租繳納問題。

望麒麟死後，原已極為勢弱的埔番，更是一蹶不振。女兒阿參，後來招望麒麟好友黃利用之子黃敦仁為夫。兩家結合下，望家的亢五租與田產振興了黃家，成為埔里著名的黃望家族。

台灣

發行人：王阿舍　發行所：遠流舊聞社

舊聞提要

1. 保良局8月6日設於台北，由辜顯榮擔任局長。
2. 日軍的近衛師團8月14日攻陷苗栗，北台灣盡入日軍的控制。

亢五租引來殺機

【本報訊】埔里番秀才望麒麟，日前遭不明人士圍攻殺害，卒於野地，聞者莫不震驚！瞭解埔里族群現況者，更對人數已極稀少之埔番後裔再度凋零，甚表遺憾。望麒麟生前摯友黃利用，已偕同家屬料理一切相關事宜。

據瞭解，望麒麟之被害，與其持有恆吉城50甲土地與「亢五租」收租糾紛有關。「亢五租」源起與內容究竟如何，遂引起社會的關注與討論。

「亢五租」是所謂「番租」之一種，全台灣僅埔里一地特有。持有此租權者，包括「水沙連六社」的埔社、眉社、田頭社、水社、審鹿社與貓蘭社。亢五租最早的形式，與一般「番租」並無不同，源起於水沙連六社將土地租給遷進埔里的西部平埔各社開墾，並向他們收取約定的租穀。

1850（道光30）年，埔社、眉社通事巫春容，與岸裡社人訂立合約，合約內容規

歷史報

3. 繼苗栗後，8月28日中部的抗日中心彰化城亦淪
　 陷，名將吳彭年、吳湯興陣亡。
4. 因亢五租糾紛及田地遭人覬覦，埔里番秀才望麒
　 麟於1895年8月於荒野被殺。

讀報天氣：午後雷陣雨
被遺忘指數：●●●●○

番秀才望麒麟慘遭橫禍

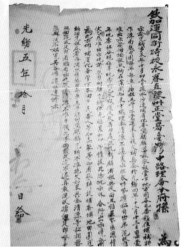

▲ 有關望麒麟亢五租的清代契約。

進入埔里盆地開墾的平埔族群，
共有5大族群，往下又可細分為數個不同的社群：

族群名稱	社群名稱
洪雅族（Hoanya）	●北投社、南投社、萬斗六社、斗六門社
巴布薩族（Babuza）	●阿束社、東螺社、二林社、馬芝遴社
道卡斯族（Taokas）	●房裡社、雙寮社、吞霄社
巴宰族（Pazeh）	●大馬璘社、烏牛欄社、阿里史社、大湳社、水底寮社、山頂社、葫蘆墩社、麻薯舊社、社寮角社
拍瀑拉族（Papora）	●大肚社、水裡社

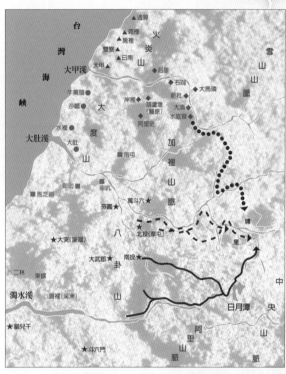

▲ 埔里的巴宰族人。

▲ 巴宰族原居中部，因漢人大量入墾，只好舉族遷徙到埔里盆地。

▲ 道光初年洪雅、巴布薩、巴宰、道卡斯、拍瀑拉等5大族群的分布圖與遷入埔里盆地的路線。

圖例：
● 拍瀑拉族　★ 洪雅族　●●● 入埔西北路
■ 巴布薩族　◆ 道卡斯族　‑‑‑ 入埔北路
◇ 巴宰族　　　　　　　━ 入埔南路

定：埔、眉兩社將85甲土地租與岸裡社人，土地墾成後，岸裡社人要繳納租穀給水沙連六社；每甲水田納粟2石、每甲旱田納粟1石，每年分2次交納。

　　雙方雖有約定，但日久天長，隨平埔族與漢人移住漸多、墾區日闢，主客地位逐漸顛倒、實力也越益懸殊；不但租率日趨減輕，甚至時常拖欠、抗拒不繳。埔、眉兩社後裔，在生計困難、無可奈何之餘，也只好減租妥協，而產生了「亢五租」這個特殊的名稱。

　　「亢五」即閩南語的「空五」、「零五」，是零點五的意思。由原先抽取田園所有收穫額的百分之五租穀，演變成以一車(約10石)穀子為單位，只抽收5斗粟。即使如此，平埔族與漢人仍不時拒繳，導致埔、眉番更趨貧窮，官府最後不得不出面干預。

　　1875（光緒元）年開山撫番時，清廷設置同知於埔里社，負責理番事宜。當時，即鑒於埔、眉番處境日益艱難，清官府因而屢次要求平埔族與漢人，不得拖欠亢五租。1880（光緒6）年，官府更進一步設置總理、代收租穀，以便轉交埔、眉番。1888（光緒14）年，埔里社通判與地方士紳協議

散布用水銀錠劑

美嘉濃錠 ミカロン錠

美嘉濃有強力殺菌效能對蓬萊種稻熱病及各種之病害具有優越防除效果

包裝：3g 30錠
鐵罐盒裝

適用作物：稻、麥類、トマト、茄子、不類、白菜、玉蔥、蠶豆、豌豆、花生、茶、果樹、花卉類

製造元　日本三笠化學工業株式會社

臺灣總代理　大東行貿易有限公司
地址：臺中市中區中山路一四三巷16號　TEL 3219

臺灣總經銷　正豐化學股份有限公司
地址：臺中縣霧峯　　　　TEL 63號

修正亢五租率，每甲改為徵收1石8斗；收取到的2,400石租穀，1,000石交給埔、眉番，其餘則大多充作「撫番」及義塾經費。

　　另一引發糾紛並進而為望麒麟招來殺禍的，則是他繼承自父伯、同治年間經官判歸給望麒麟的恆吉城50甲土地。此田膏腴肥沃，由埔番自己耕作，但平埔族與漢人仍爭相覬覦、企圖私占，故而結黨糾鬥連續數年。最後，也是以充公處分，才得以解決。

望麒麟年表
1861~1895

1861
●出生，為埔里埔番後裔。

1867
●父親、伯父先後去世，與母親相依為命。

1883
●首次參加科舉，但榜上無名。

1884
●至台南府城參加考試，得到秀才。

1895
●被巴宰族人等暗殺，時年35歲。

【延伸閱讀】
❖ 劉枝萬，《臺灣埔里鄉土志稿》，1951，著者
　自印。
❖ 陳俊傑，《埔里開發的故事》，1999，南投縣
　文化基金會。

名字叫阿拐，難道註定要被拐？

發動「南庄事件」的賽夏族頭目日阿拐，
為什麼會被他的管家出賣？

1 管家是日本忍者
來臥底的

2 平常以虐待泰雅族
管家為樂

3 客籍管家貪財被
收買

4 閩南管家想取代
他做老大

3 A 客籍管家貪財被收買

日阿拐在南庄事件前所雇用的客籍管家，是造成他後來失敗的原因。

當日本人用蠻橫手法要進行「番地開墾」時，日阿拐便派遣他的管家（姓名不詳）

前往南庄支廳去陳情，但是南庄支廳推說該地歸新竹廳管轄，所以管家就繼續前往新竹去陳情。

不料在路上就遭人強邀至酒家宴請，並重金收買，於是管家到了新竹廳以後，

謊稱日阿拐因為不滿，現在正召集各番社及匪賊，準備攻打南庄；等回去以後又騙日阿拐說，

新竹廳已準備出兵來討伐他了；於是日阿拐只好匆忙起事，導致後來的失敗。

也許有人會好奇，賽夏族的日阿拐為何會有客籍管家呢？

這是因為當時南庄一帶客家人和賽夏人混居，長久下來，兩者在血緣關係和習俗上都十分親近。

發動南庄事件的
賽夏族頭目——
日阿拐

1840~1903

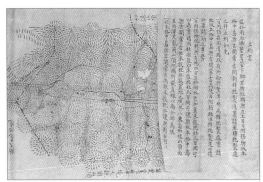
▲ 日阿拐與日人中島興吉等人所簽訂的立約書。

日阿拐名Basi-Banual，偏名Akuwai，生於1840（清道光20）年。日阿拐原本出生在一戶閩南張姓人家，8歲時隨父母從大陸來台，在苗栗中港登陸後，父母因水土不服相繼過世，因而由戚姓人士撫養，但之後又被賣給當時居住在沙坪的平埔族人日有來（Tanoherah Ubai）為子。

日阿拐在三十餘歲的壯年時期，當上了賽夏族獅里興社（位於今苗栗縣南庄鄉）的頭目。由於漢人在賽夏族的土地上無限制地進行開墾、抽藤、製作樟腦，嚴重侵害到族群的權益，日阿拐便將原本各自為政的賽夏族各社，整合在一起，並組成「聯興庄」，以「聯興庄」的組織力量，共同抵禦漢人入侵的勢力。日阿拐優秀的領導才能與善於謀略的長

▲ 日阿拐的孫子日進財展示祖父所遺留下的文件。

才，頗受族人的倚重，因而被各社共同推舉為總頭目。從此以後，不論是官府或民間，如果要進入賽夏族的勢力範圍內尋找原料製作樟腦，都必須先過日阿拐這一關才可以。

1887（光緒13）年，台灣巡撫劉銘傳正在執行開山撫番政策。他一方面招撫台灣全島內山「生番」歸順朝廷，一方面掌握山區豐富的自然資源。部分地區的原住民不認同清朝的統治，頻頻與官方發生武力衝突。清朝政府有鑑於此，在進入苗栗山區之際，首先拉攏在地的總頭目日阿拐，任命他為獅里興社「社長」，賦予合法的領導權。

同年8月，日阿拐協助清廷招撫獅潭五指山等處前後山的「生番」，因此被奏請賞給軍功六品。

清朝實施開山撫番之後，任何人要在山區開墾，必須先經過各地撫墾局的核准，發給「墾單」。撫墾局除了管理漢人開墾之事，也負責招撫未歸順朝廷的「生

番」。1892（光緒18）年，日阿拐得到大料崁（今桃園大溪）撫墾總局核准，獲得了廣大的墾地，其範圍幾乎涵蓋今日的苗栗縣南庄鄉。

1895年，日本入主台灣，隔一年就在南庄成立撫墾署，主要目的是掠奪當地豐富的樟腦資源。由於日阿拐曾經獲得清廷授權進行合法開墾，日人便以他爲首要拉攏的對象，由坂本格、中島興吉、關常吉等3人，與日阿拐訂立合約，合約主要內容就是要日阿拐讓出製造樟腦的權利，而由日人每月給予500元租金。合約簽訂之後，日人堅稱合約內包含土地開墾權利，這個說法讓日阿拐有受騙的感覺，居住在日人製腦區域的賽夏族人更是十分憤怒。

1902年7月，日阿拐會同近鄰的賽夏族及泰雅族部落，大約4、500名族人，發起武力抗日行動，歷史上稱之爲「南庄事件」。由於原住民對山區地形十分熟悉，與日軍展開神出鬼沒的游擊戰策略，讓日軍疲於奔命。所以日人決定擒賊先擒王，出動大批軍隊以及山砲、臼砲等新式武器，攻擊日阿拐的住家一帶。

在日軍多天來的武力封鎖之下，日阿拐代表百名族人傳達願意歸順之意。日人特地舉行了盛大的歸順儀式，同時在會場上設置重兵埋伏警戒，不料兩邊人馬在會場上發生衝突，多名族人被日軍擊斃，日阿拐則逃入加裡山區，隔年就因病去世。

台灣

發行人：王阿舍　發行所：遠流舊聞社

舊聞提要

1. 台北市衡陽路在7月18日發生火災，街上18家老字號布莊、銀樓皆付之一炬。
2. 蘭嶼雅美族抗議台電增建核廢料儲放壕溝，在8月5日發

▲賽夏族在祭典中所穿的長衣。

▲賽夏族傳統服飾——短衣。

動「一人一石」抗爭運動。
3.第一本原住民母語教材「賽夏語讀本」，將於近日內出版。
4.教育部著手編纂閩南語字典。

讀報天氣：陰雨
被遺忘指數：●●

首本母語教材出版 賽夏人尋找文化根源

【本報訊】全省首創原住民母語教材「賽夏語讀本」，即將問世，預計所需經費約35萬元。

據知目前新竹縣境內的賽夏族人口約有一千多人，但是只有五十幾歲以上的老人才懂得使用賽夏語，能參與編書的人數更少，大概只有三十幾位。

新竹縣五峰鄉與苗栗縣南庄鄉，是今日賽夏族人所聚居的區域。事實上，早期包括苗栗大湖、獅潭，新竹竹東、北埔等地，皆有該族人生活的足跡。清朝時期漢人陸續移民台灣時，由於漳州、泉州的閩南人先到達，加上人數較

▲賽夏族的舞蹈。

多，因此大部分的台灣西部平原都被閩南人所占領。而較晚抵達、人數較少的客家人，只好選擇平地與山岳的交接區域。當然，客

家人在大陸原鄉時的山區生活經驗，也是促使他們選擇居住在近山地帶的原因之一。

　　客家人除了從事耕作外，製作樟腦也是他們主要的生計行為之一。在過去的歲月中，隨著客家人口的增加，開墾地域擴增，直接的影響就是侵犯賽夏族人的生活領域，於是兩方曾爆發相當多次激烈的武力衝突。但是在經歷清朝、日人統治的過程後，兩方經由通婚、收養小孩、買賣交易等等日常生活上的接觸，而不再動輒兵戎相見；再加上現實環境中的利害權衡，使得兩方漸漸傾向以和平的方式相處。像是1902年發生的「南庄事件」，賽夏族與客家人就結盟聯手抵抗日本人。

　　賽夏族與客家人百年來和平共處的結果，賽夏族的文化逐漸受到客家人的影響而產生改變。例如，在生活方式及語言的使用上，賽夏族受到客家人相當多的影響。根據調查，賽夏族家庭還能以族語溝通的比率，僅剩約百分之二十，而大多數家庭，已經改用國語、客家語等作為溝通的語言。

▲ 與賽夏族人混居的客家人傳統日常服飾與婦女髮型（左下）。

▲ 製作樟腦的腦寮。

▲ 南庄事件中的犧牲者遺骸，事後被集中埋葬，成為無主的孤墳。1961年重修之後，附近居民在每年中元節，都會前來祭拜。

1840
●出生於閩南張姓人家。

1848
●隨父母從大陸渡海來台。

1887
●被任命爲賽夏族獅里興社社長。
●協助清廷招撫獅潭五指山等處前後山的「生番」，而被奏請賞給軍功六品。

1892
●得到大料崁撫墾總局核准，獲得今日苗栗縣南庄鄉一帶的墾地。

1894
●響應山東賑災行動，捐出銀錢43兩2錢，山東巡撫因而奏請給予監生之殊榮。

1902
●會同近鄰的賽夏族及泰雅族部落發起武力抗日行動，歷史上稱之爲「南庄事件」。

1903
●起事失敗後逃入山區，因病去世。

【延伸閱讀】
⇨ 黃鼎松，《苗栗開拓史話》，1991，苗栗縣文化中心。
⇨ 陳運棟、張瑞恭，《賽夏史話──矮靈祭》，1994，華夏書坊。

勳章一小枚，
換來心有千千結

1 年紀大了竟然
還要學日文

2 跟阿本仔鞠躬
常會閃到腰

3 不聽話的人
越來越多

4 日本清酒不如
小米酒好喝

3^A 不聽話的人
越來越多

潘文杰曾獲台灣總督府頒發瑞寶章，並敘勳六等。

潘文杰是恆春地區瑯嶠十八社的首領。若以恆春縣城為起點，越過中央山脈來到台東，都還在潘文杰的勢力範圍內，無論是漢人、平埔族人等其他族群，對他都是必恭必敬的。
日本統治台灣初期，統治力量尚未穩固，加上潘文杰對日人採取友善的態度，
所以雙方保持著良好的平等關係。但從1903年起，
台灣總督府在恆春廳廣設30個警察官吏派出所，取代了潘文杰所擁有之管理、仲裁的權力。
1904年，潘文杰所管轄的大部分地區被畫入普通行政區內，
此後區內各部落不必再向頭目家繳交租穀。
如此一來，潘文杰不但失去了土地所有權，跨部落的龐大勢力也正式宣告瓦解。

以合作換取族群的生存空間——潘文杰

1854~1905

潘文杰，原名Jagarushi Guri Bunkiet，生於1854（清咸豐4）年。他的出生地在今日屏東縣的車城鄉，父親是來自中國廣東的漢人，母親則是原住民豬勝束社人。後來因豬勝束社頭目家族中的卓杞篤膝下無子，因此將潘文杰買來作為養子。

清領時期活動於恆春地區的排灣族與斯卡羅族，被合稱為「瑯嶠十八社」，當時由勢力最大的豬勝束社頭目卓杞篤，擔任瑯嶠十八社的首領。卓杞篤死後，由其姪子朱雷（Tsui Lui）繼任，並由潘文杰從旁輔佐。然而這位豬勝束社的新任頭目有酗酒的習慣，到後來已經無法處理部落的事務，因此他的地位逐漸被潘文杰所取代。

1871年，有兩艘琉球漁船在海上遭到暴風，其中一艘漂流到瑯嶠一帶，多數船員被當地原住民所殺；另一艘則漂流到打狗（今高雄），被當地居民救起並由清政府送回琉球。當時琉球是中、日兩國的屬國，但一直想擴張海外勢力的日本卻於次年藉機向清朝興師問罪。一開始，清朝並不重視此事，後來日本正式冊封琉球為日本藩屬，並在美國駐廈門領事李仙得的幫助下，1874年正式出兵到台灣。

日軍於瑯嶠灣登陸後，在石門與牡丹社發生激烈的戰鬥，最後牡丹社頭目與十餘名族人被殺，日軍聲威大振。這時，潘文杰率領豬勝束社所統轄的各部落頭目，向日軍投誠。至此才覺得事態嚴重的清朝政府，連忙派洋槍隊數萬人來台協防，並與日本政府展開談判。同時，英美因擔心戰爭影響商業利益，便積極介入促使清朝以賠款、道歉、承認琉球為日本屬地等條件，換取日本退兵，此一事件史稱「牡丹社事件」。

牡丹社事件後，清朝政府體認到台灣的重要性，決定在瑯嶠設置恆春縣，並派遣地方官來治理。潘文杰知道這個消息後，隨即向清政府表達和平與親善之意，並且主動參與興築恆春城的工作，因此獲官方賜姓「潘」，以作為獎勵。此後，潘文杰多次協助官方處理族群衝突事件，而再

潘文杰曾協助恆春建城工程，圖為恆春城東門。

度獲獎勵，受封五品官位。

　　1895年台灣割讓給日本。起初，各部落人心向背不定，原先歸順清朝的部落，有些謹慎地保持觀望態度，有些則與日軍發生武裝衝突。變動之際，潘文杰迅速決定向日人表達善意，而被任命為恆春出張所的約聘專員，負責協助日人勸降各部落。包括了台東地區的卑南社、知本社等數十個部落，都在潘文杰的遊說之下歸順新的統治者。

　　同年，清朝將領劉德杓在台東企圖策動抗日，潘文杰隨同恆春出張所所長前往，說服當地部落組成義勇兵圍剿劉氏。1898年，來自鳳山的反日分子，煽動當地漢人與原住民群起包圍恆春城。潘文杰一邊率領族人入城協助日本人防衛、建造防禦工事，一邊對抗日的族人曉以大義，最後成功敉平這椿抗日事件。

　　除了多次協助日人維持安定外，潘文杰在其他方面也多有建樹。1896年，他說服地主捐出恆春國語傳習所分部的預定校地。傳習所開課之後，他又勸導族人子弟入學。另外，他常年致力於地方產業的發展，因此獲台灣總督府頒發瑞寶章，並敘勳六等。

　　1901年，潘文杰被任命為恆春廳參事。1905年因病過世。

台灣

發行人：王阿舍　　發行所：遠流舊聞社

舊聞提要

1.台灣總督府於7月28日發佈台灣公學校與小學校的官制，以區別台日的兒童初等教育。
2.總督府於8月31日發佈「保

▲ 殖民統治者企圖以學校教育來灌輸原住民兒童忠君愛國的思想。

歷 史 報

1898年9月12日 穿越時空 獨漏舊聞

甲條例」，並置保正、甲長、壯丁團來輔助警察
維持治安。

3. 全台第一所原住民學校於9月10日成立。

4. 抗日分子簡大獅在芝山巖宣誓歸順後，9月10
日逃往中國廈門。

讀報天氣：陰有雨
被遺忘指數：●

▲ 為紀念豬勝束分教場的成
立而設立的「高砂族教育
發祥之地」紀念碑。

台灣第一所原住民學校
恆春豬勝束分校成立

【本報訊】恆春國語傳習所的分校豬勝束分教
場，於本月10日正式開學，首批新生共有27
人，年齡從8歲至18歲都有，皆是瑯嶠十八
社大頭目潘文杰所召集來的原住民子弟。

　　台灣總督府自1896年起，在全台灣陸續
設立了16所國語傳習所，恆春地區也設立了
恆春國語傳習所，招收的學生清一色都是漢
人子弟。就讀國語傳習所的學生，不用繳交
學費；教職員的薪水與教科書的費用，都由
總督府提供。由於清朝時期教育並不普及，
通常只有富家子女才有機會到私塾或書院學
習四書五經，因此一般民眾對於國語傳習所
的設立，並沒有採取特別排斥的態度。

　　日前成立的豬勝束分教場，則是全台第
一所招收原住民子弟的教育機構。課程內容

▲ 伊藤修二像。他曾任台灣總
督府學務部長，任期間不到
2年，卻決定了日本統治台
灣50年的教育方向。他在台
期間大力推行日語教育，並
廣設國語傳習所。

▲ 衛生保健習慣也是原住民兒童的學習重點之一。

除了日語教學之外，還有習字、算數等一般課程，以及修身等附屬科目。老師在課堂上會先以日語講述一遍課程內容，隨後再用原住民語翻譯。

事實上，日本人廣設教育機構的目的，首要任務在於教導台灣人學習日語，因為台灣是一個多種族群並存的地方，各個族群所使用的語言截然不同，而同一族群因為分布地區不同，使用同一語言的人各自凝聚成一個群體。日本人以異民族的身分來統治台灣，不但與民眾之間有溝通上的困難，也無法得到各個群體的服從。總督府希望透過日語的普

▲ 原住民兒童上課情形。

▲ 在「蕃童」教育系統中，老師通常由警察所兼任。

及，進一步灌輸日本的思想、風俗、習慣，讓台灣人逐漸遺忘自己的語言與文化，而變成與日本人一樣，效忠日本國與天皇。

潘文杰年表
1854~1905

1854
● 生於今屏東縣車城鄉。

1874
● 開始輔佐豬勝束社新頭目朱雷（Tsui Lui）。
● 牡丹社事件時，率領瑯嶠十八社各社頭目向日軍表達投誠之意。

1875
● 向清政府表達和平之意，並協助興築恆春城。之後獲清政府賜姓「潘」。

1886
● 取代朱雷成為豬勝束頭目。

1887
● 調解八磘社（Padliao）原住民與射麻裡（Shamalee）客家人的衝突事件。

1890
● 協助清政府招撫瑯嶠十八社。

1891
● 協助清政府平定射不力社族人與楓港莊民互鬥事件。

1895
● 向日人表達善意，而被選為恆春出張所事務囑託。
● 調解龜仔角社原住民遭日軍殺害事件所引發的衝突與對立。
● 與射麻裡社長潘阿蘭等人到卑南一帶，勸說卑南社歸順日人。

1896
● 到台東成功一帶勸說知本社等44個部落歸順日人。
● 與恆春出張所長前往台東地區，遊說當地原住民組織義勇軍，圍剿清朝將領劉德杓所發動的叛變。
● 說服地主捐出私人土地，興建恆春國語傳習所分教場。分教場開學後，多方鼓勵原住民子弟入學。

1898
● 協助平定鳳山反日分子所策動的反日事件。

1901
● 被任命為恆春廳參事。

1905
● 因病去世。

【延伸閱讀】
⇨ 楊南郡，〈斯卡羅遺事〉，《中國時報》1992.10.24，第27版。

⇨ 戴寶村，《帝國的入侵-牡丹社事件》，1993，自立晚報文化出版部。

清朝小麻瓜，
　　吃我一記雷公火！

Q 馬亨亨這個名字，和阿美族語的「雷電」有關，
他為什麼取這個名字**？**

1 凡是偉人出生，
必在打雷的夜晚

2 和哈利波特一樣，
額頭上有閃電疤痕

3 他的聲音好像
雷公叫

4 老婆罵他鼾聲
比打雷還響亮

3 A
他的聲音
好像雷公叫

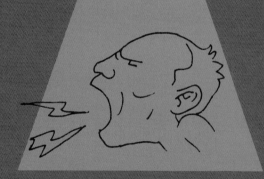

馬亨亨是百年前活躍於東台灣的阿美族傳奇人物。
他的名字mahanghang，在阿美族語的意思是「像雷聲」的意思。
馬亨亨是因為身材高大如山，又聲音低沉有如雷鳴，因而得到這個稱號。

身壯如山、聲如雷的
阿美族英雄——
馬亨亨
1852~1911

馬亨亨肖像。

馬亨亨生於1852（清咸豐2）年，是台東馬蘭部落的創立者。

馬蘭部落位在卑南平原的中心臨海地帶，自古以來即與靠山邊的卑南族比鄰而居。然而，到了馬亨亨出生以後，西部來的平埔族人及漢人不斷增加，而逐漸形成多族群共居的局面。

1874年，日軍入侵台灣，攻打南排灣族。清朝政府為了防止外國勢力先進入東台灣，不得不展開「開山撫番」政策。清軍一波波由北、由南，由中央山脈築路翻山壓境而來。馬亨亨那時22歲，已通過成年禮，是一個高大威武的馬蘭青年（kapah）。

1887（光緒12）年，馬蘭部落在馬亨亨的策畫領導下，由原來距離約3公里的舊聚落「那拉支蘭」，向西北移動到今天的台東縣馬蘭，此舉耗時6年，到1892年才完成。馬蘭部落在新居住地總計興建了3道壕溝、4處瞭望台，以及7處的男子集會所。然而，由於他們在附近耕地拓墾，也引起鄰近卑南族利家社的反彈，認為是侵犯了利家社領地，而爆發了衝突事件。在兩族的征戰中，馬亨亨表現了英勇的氣慨。當時馬亨亨雖然股中標槍，卻仍忍痛折斷其柄，繼續作戰。在馬亨亨無懼與沉穩的領導下，終於打了一場勝仗。不過，在勝利之後，他立刻尋求和解，邀請卑南族部落在「班鳩」（大約在今台東縣初鹿一帶）召開和談，乘勢相互約定禁止獵頭及掠奪，免除了報復性戰鬥持續發生，並獲得了新耕地。

1895年日本領有台灣，並在控制了西部之後，準備由恒春攻取東台灣。日軍獲得了恒春大頭目潘文杰的支持，由潘文杰聯絡東台灣原住民部落支持日軍。由於清軍毫無紀律，再加上大勢所趨，卑南族及時年44歲的馬亨亨所領導的馬蘭阿美族聯軍，在雷公火（今為關山鎮電光里）成功

地擊退了循縱谷南下攻來的清軍。

　　進入日治時期後，由於日本殖民政府急於開發建設，以高壓榨取原住民勞動力，影響農耕生計，終於引發多起阿美族的抗暴事件。1911年，成功一帶的阿美族人難忍日本政府的酷政，起而反抗（史稱「成廣澳事件」）。當時馬亨亨正臥病在床，但一聽到兩名突圍而來求援的青年，仍命族人輪流抬著他的擔架，急奔前線，親自與日警交涉，日警感於他的精神，最後未使事件繼續擴大，並從輕善後。

　　另外，還有七腳川事件、里漏（利勞）等事件時，馬亨亨也都風塵僕僕地前往拯救。他知道日軍強大，不能力敵，只能安撫同胞，再以他對日本人的影響力，要求諒解與輕罰。除了這些大戰役外，馬亨亨也非常熱心於奔走各部落，為他們的衝突排難解紛，因此名揚東台灣。

　　然而，處理完成廣澳事件之後，憂勞奔波的馬亨亨便在一個月後與世長辭，享年60歲。阿美族雖無文字，然而他的勇敢善戰、幽默風趣、不辭辛勞四處調停，以及身高如山、聲如雷的形象，卻化為口傳故事，流傳在東台灣的原住民之間。

發行人：王阿舍　發行所：遠流舊聞社

舊聞提要

1. 根據12月1日所發表的統計報告，中高齡的失業潮，衝擊3.6萬家庭。
2. 台商林泰洲等人12月2日在深

馬亨亨大道命名

【本報訊】台東縣府所舉辦的「跨越21世紀原住民藝文嘉年華會」系列活動，當中的馬亨亨大道命名，已在昨日盛大舉行。卑南族縣長陳建年親自主持該項活動，並肯定這位傳說多年的英雄人物，使他回歸應有的歷史地位。

　　今年2月，台東市阿美族各部落主席，有鑒於往昔道路命名，忽略本土之歷史文化，乃聯合向台東縣政府陳情，希望能將台東市特2（1之1）號道路，採用原住民歷史人物來命名為「馬亨亨大道」，以彰顯台東之多元族群融合與團結。縣府順從民意，並廣邀阿美族同胞及馬亨亨後人郭信雄、郭子雄等，舉行盛大的命名慶祝活動。

　　據目前服務於台東體育中學擔任體育老師及棒球教練的郭子雄表示，馬亨亨非僅為台東市馬蘭一帶阿美族人的英雄，他的事蹟

歷史報

2000年12月31日 穿越時空 獨漏舊聞

圳遇害，台商安全再度亮起紅燈。
3.兩岸小三通實施辦法，12月15日送立法院審查。
4.由台東縣政府主辦的「馬亨亨大道命名」活動，於
12月30日舉行。

讀報天氣：晴
被遺忘指數：○

いるか明な閑靜
御 宿
臺灣花蓮港
舊新港一五○番戶

阿美族人齊聲歡慶

▲馬亨亨第4代孫郭信雄（右），贈送阿美族傳統中代表最高敬意的「禮刀」給台東縣長陳建年。

也影響、傳播到花東縱谷及海岸一帶的阿美族各部落。另外，根據郭子雄之父郭光也及歷史學者的記錄顯示，馬亨亨生於1852（咸豐2）年，去世於1911（明治44）年。他領導族人建立馬蘭部落，並抵擋了來自鄰族的壓力，1896年更接受了恒春排灣族大頭目潘文杰及台東街富商張新才的勸說，在雷公火擊敗了劉德杓的部隊，使日軍平安登陸台東。此後，他便利用此功，及其交涉長才，在殖民日警的強大壓力下斡旋，拯救不堪日人欺壓的原住民同胞。

▲ 陳建年縣長與郭信雄先生共同主持馬亨亨大道命名典禮揭牌儀式。

▲ 馬亨亨家族吟唱阿美族傳統歌曲。

▲ 陳建年縣長贈送「原住民之光」匾額給馬亨亨家族。

▲ 馬亨亨第5代子孫郭子雄在大道命名典禮上，講述馬亨亨的
生平重要事蹟。

馬亨亨年表

1852~1911

1852
●出生在那拉支蘭。

1872
●完成年齡階級之成年訓練，正式成為阿美族之kapah。

1874
●日軍藉牡丹社事件派軍攻擊南排灣族。
●為防外國勢力伸入，清朝實施「開山撫番」政策。

1875
●清廷設卑南廳及台灣南路撫民理番同知。

1887
●領導族人遷移至馬蘭社現址。

1892
●完成馬蘭部落遷移工程。

1894
●領導馬蘭社與利家社之戰役負傷但獲勝，並成功召開
班鳩和談。

1896
●率領馬蘭部隊與卑南族組成聯軍，成功地在雷公火阻
絕清軍南攻台東。

1899
●隨台東廳長相良長綱巡視花東縱谷及海岸各族部落。

1907
●日政府過度壓榨原住民，抗暴事件紛起。馬亨亨奔波
於途與日警交涉，護衛安撫同胞。

1911
●抱病斡旋成廣澳事件，憂勞而逝。

2000
●台東縣政府舉辦馬亨亨大道命名典禮，以紀念之。

【延伸閱讀】
➡ 林建成，《後山族群之歌》，1998，玉山社。

瑪雅？難道是
超級瑪俐第二代？

表示自己血統高貴，
是神話預言的統治者 1

騙鄒族人說他們
來自七海黃金鄉 2

為了跟鄒族人
稱兄道弟 3

因為鄒族話「瑪雅人」
就是指來自北方的人 4

3 A

爲了跟鄒族人
稱兄道弟

在台灣，原住民稱呼日本人都直接用日語的譯音，只有鄒族稱呼日本人為瑪雅人，
這跟鄒族的洪水神話有關。在這個洪水神話中，鄒族原來有一支兄弟族，但被洪水衝散了。
雖然歷史與人類學的研究都並未發現這個族群的存在，但是鄒族人卻在集體的記憶中，
深信曾有這樣的一個兄弟族，而且認為總有一天會再度相遇。
因此當日本人利用所蒐集的民族神話材料，假稱其為瑪雅人時，鄒族人始則半信半疑，
後來竟然接受，並以瑪雅稱呼。

亂局中保全鄒族的達邦社頭目——宇旺

?～1930年代

只有通過成年禮考驗的男子，才能戴上插著羽毛的皮帽。

宇旺是日治初期阿里山鄒族達邦(tapangu)部落的頭目，在局勢變動之際，他選擇和日本統治者合作的態度，讓鄒族與日本統治者未產生嚴重的衝突，使鄒族這樣一個較小的族群得以維持生存。

在整個達邦部落中，宇旺是屬於汪姓(peongsi)家族。汪家是早期創立達邦部落的主要氏族之一，因此汪家的家族成員都是部落裡的領導階層。

宇旺的生卒年，以及關於他何時接任頭目等相關的文獻與口傳資料，都相當缺乏。他最重要的事蹟，就是在1895年6月間率領鄒族60餘人，前往日本政府設在雲林的民政部出張所，表明歸順的意願。這樣的舉動，讓日本統治者對於阿里山鄒族人有了相當程度

宇旺（左）與族人表演鑽木取火的景象，這是日本時代拍攝的宣傳照片。

的信任。至於當時為何是由達邦部落，而不是由鄒族裡歷史較久遠的特富野部落的頭目，來擔任與統治者溝通的角色，這是因為當時特富野部落的頭目若非年紀太大就是太過年輕，在權衡當時的情勢下，遂由達邦部落的頭目宇旺擔負起這項使命。

到了1897年，宇旺和副頭目莫歐(mo'o)被林圯埔撫墾署選出，與其他高山族頭目至日本長崎、東京等地觀光。1898年漢人抗日軍三面圍攻大埔時，宇旺接到日本官府警戒番界的命令後，便帶領100多名鄒族戰士分據3處要塞，並在日本辦務署的指揮下，於1週內就完成了任務。

除此之外，宇旺對於日本官府的一些行政措施也相當配合。譬如他曾經答應總督府不再對鄒族的宿敵布農族進行獵首，而這些事情也直接影響到後來鄒族內部與日本統治者的關係。1899年特富野部落有兩名青年至嘉義辦務署，表明願意永遠在

鄒族人的房屋，屋頂是由茅草所蓋，牆壁則由草或竹子編成。屋子的前後都設有出入口，屋裡都是泥土地板。

嘉義接受教育，後來他們在嘉義接受日式教育，成績相當優秀，其中有一人後來成為達邦部落派出所的巡查補，即近代鄒族另一重要人物——吾雍‧雅達烏猶卡那（漢名高一生）的父親。

由於阿里山地區擁有豐富山林資源，日本統治台灣後不久便著手進行森林鐵道的修建。這項鐵道工程之所以能順利進行，與鄒族和善的態度也有相當的關係。在所有原住民族群中，鄒族與日本統治者建立的關係是非常特殊的，而這種關係就是由宇旺等族人所促成的。

宇旺未生男嗣，所以後來他的頭目權位就轉讓給同是汪家的其他成員。宇旺曾為汪家建造規模甚大的家屋，在日治初期是鄒族最活躍的人物，一直到1930年代，由於年事已高，加上特富野部落出身的吾雍‧雅達烏猶卡那自台南師範學校畢業，返回家鄉服務後，宇旺的影響力才逐漸被取代。

台灣

發行人：王阿舍　　發行所：遠流舊聞社

舊聞提要

1. 李登輝總統赴美進行私人訪問，於6月12日返國。這是中華民國總統首次訪美。
2. 台大醫院於6月20日慶祝百年院慶。

▲ 鄒族人以狩獵、捕魚與種植作物為生。圖為鄒族人捕魚的情形。

3. 立法院於6月24日通過「海關稅則修正案」，家電、化妝品、食品為降稅重點。

4. 「鄒是會議」6月26日舉行，會議中決議成立「鄒族文教基金會」之籌備委員會。

讀報天氣：陰
被遺忘指數：●○

整合跨部落資源
籌設鄒族文教基金會

【本報訊】討論多年的「鄒族文教基金會」，終於在今年的「鄒是會議」中選出13位代表，正式組成籌備委員會。其中成員包括了部落頭目、教育工作者、傳教士、村長、企業界與學術界代表等。「鄒族文教基金會」的成立宗旨在於保存、整理及振興鄒族文化、推展教育活動、探索鄒族的文教與社會趨勢等，並希望跨越部落組織、整合各部落資源，共謀鄒族文化的傳承。

從整合鄒族各部落來看，阿里山鄒族在日治初期曾分成4個大社（hosa），包括特富野（Tfuya）、達邦（Tapangu）、伊拇諸（Imucu）和魯富都（Luhtu）。但其中位於今南投縣信義鄉的魯富都部落，是從特富野遷出來的，所以與特富野部落關係密切，部落

間的交往也極為頻繁；而居住在今草嶺一帶的伊拇諸大社，則與達邦部落較有淵源。這兩個大社，後來都因為外族入侵、瘟疫流行而逐漸衰微，加上伊拇諸過去曾為了獵區的糾紛而向特富野部落挑戰，經過兩次戰役後，更是一蹶不振。因此，到了20世紀初葉時，伊拇諸和魯富都就幾乎已經滅社，比較完整的部落也就僅存達邦與特富野。

由於特富野立社比較早，又曾協助達邦建立新社，所以鄒族裡許多重要事項大抵尊重特富野部落頭目的意見，不過，每年豐年祭（新年）和瑪雅斯比祭（戰獵祭）從日治時代起就是由兩個大社輪流舉辦。由於祭典儀式載歌載舞，具有歡樂氣氛，再經過媒體宣傳之後，吸引了相當多社會大眾參加，無形中也增進外族人對鄒族文化的了解。

如今，達邦與特富野部落依舊維繫其社會組織，進行傳統的祭祀，而周邊的小社在近年來也經常創發新意，將傳統的部落文化與生態發揚光大，譬如達娜伊古社與里佳社的生態保育、來吉社的觀光遊憩經營、新美社的涼亭節等，都為鄒族的未來注入了新的活力。

▲ 阿里山山美村的達娜伊谷溪，長期以來生態環境受到嚴重破壞，許多不法人士來此電毒魚蝦。1989年鄒族人發起護溪運動，經過3年多的努力，大自然終於重獲生機。圖為在外就學的部落青年，利用假日返鄉參與清理環境工作。

▲ 鄒族男子頭帶皮帽，肩披以鹿或山羊皮所製成的披肩，身上披掛貝殼
裝飾的肩帶。女子則穿著長袖的上衣，腰間繫著長至足部的布裙，頭
上紮著頭巾。

宇旺個人及時代年表

？～1930年代

出生年不詳。

1895
- 宇旺率領鄒族60餘人，前往雲林民政部出張
  所，表明歸順的意願。

1898
- 漢人抗日軍三面圍攻大埔時，宇旺帶領100多名
  鄒族戰士分據3處要塞，在日本辦務署員的指揮
  下，於1週內完成任務。

1900
- 日本人發現擁有豐富資然資源的阿里山大森
  林。

1903
- 日本人開始有計畫地調查阿里山森林。
- 日本人在阿里山達邦部落設立蕃童教育所。

1906
- 台灣總督佐久間左馬太確立「5年理番事業」。

1913
- 吳鳳廟翻修完成，佐久間總督親臨會場。

1930年代
- 宇旺的影響力漸被特富野社的吾雍·雅達烏猶
  卡那取代。

【延伸閱讀】

⇨ 山海雜誌，《鄒族的生活世界》，1995，順益博物館。
⇨ 浦忠成，《台灣鄒族的風土神話》，1993，台原。
⇨ 浦忠勇，《台灣鄒族生活智慧》，1997，常民文化。

頭頂台灣天，腳踏台灣地，
我是打熊大英雄

Q 日治時代，布農族頭目拉荷·阿雷在最險峻的中央山脈建立抗日基地，他們把這個基地叫做 ❓

1 晨露的故鄉

2 山豬大王的巢穴

3 台灣黑熊進行曲

4 日本狗熊滿地爬

1 ^A 晨露的故鄉

日治時代，縱橫中央山脈，威風八面的布農族一代戰將——拉荷‧阿雷，
為了建立日警無法輕易到達的永久性抗戰基地，
就於1917（大正6）年，和弟弟阿里曼率領數百位族人退據於荖濃溪上游的天險——玉穗
（布農語音「塔馬荷」，意為「晨露的故鄉」）。
玉穗社位於荖濃溪上游庫哈諾辛山（今南橫公路130.8公里處）對岸。
由於荖濃溪累年沖刷侵蝕，該地區處處千尺斷崖峭壁，
是前人從未踏入的玉山原始秘境。拉荷‧阿雷蟠踞此地，
不斷帶領族人襲擊日警的駐在所，讓日人疲於奔命。

人物小傳

布農族的一代戰將——
拉荷·阿雷

？~1943

最後歸順的布農族抗日領袖
拉荷·阿雷。

　　拉荷·阿雷是布農族大分部落（今南投縣信義鄉境內）的頭目，屬於郡社群（Isi bukun）。他身高6尺，虎背熊腰，十分壯碩，不但具有相當的膽識，而且精明靈活。

　　1914（大正3）年9月，日本當局為了執行佐久間總督的「理番5年計畫」內之「南蕃武器沒收」政策，便以參觀飛機為名，誘騙拉庫拉庫溪流域（今花蓮縣卓溪鄉境內）的布農族壯丁，集體前往花蓮飛機場參觀，並趁各個部落呈現空虛狀態，強行搜括族人賴以為生的獵槍。此等卑劣的欺騙行徑，讓全體布農族人至為不滿，拉荷·阿雷更是憤怒至極，從此抗拒日人統治的火苗，燃遍了整個中央山脈。

　　1915（大正4）年2月22日，拉荷·阿雷第一次率領其弟阿里曼及族人，攻擊日警大分駐在所，擊斃日警一名，並準備繼續襲擊其他駐在所，可惜途中發生地震，引起整個攻擊部隊的恐慌而告終止。同年5月，日警再度展開佐久間總督「5年理蕃計畫」之收繳武器行動，喀西帕南社（今花蓮縣卓溪鄉境內）的族人忍無可忍，聯合霧鹿部落（今台東縣霧鹿）的族人，燒攻喀西帕南駐在所，搶走槍枝彈藥之外，並將所內10名日警全部擊斃。此舉給拉荷·阿雷帶來莫大的鼓舞，數天之後，拉荷阿雷與其弟阿里曼西肯率領56名勇士，再度襲擊大分駐在所，將所內日警全部擊斃。拉荷·阿雷在此役中，親自手刃日警7人，充分展現其驍勇善戰之本性。

　　此戰役之後，拉荷·阿雷為了建立日警無法到達的抗戰基地，於是下定決心舉

1933年日人在高雄舉行盛大的拉荷·阿雷歸順典禮。

拉荷・阿雷(左一)與共同抗日的族人們。

族盤據荖濃溪上游（今高雄縣境內）之險
要地塔馬荷（玉穗）。後來台東、花蓮廳
內許多的族人，紛紛遠來投靠，讓拉荷阿
雷擁有27戶266人的抗日力量。拉荷・阿
雷曾經放出豪語：「誓死不與日人接
觸」、「跟日人打戰，就是打上5年，我們
的糧食也不成問題」，除了展現無比的勇
氣和自信之外，也開始帶領族人展開20年
山林游擊戰的抗日生涯。

　　其間，日本方面曾千方百計想要以懷
柔政策招撫他，拉荷・阿雷卻不為所動。
直到1931（昭和6）年，因本身年老力
衰，而且關山越嶺戰備道（今南橫公路）
已完成，從戰備道上的中之關駐在所（今
南橫公路禮觀上方，約130.8公里處），可
直接監看玉穗社的一舉一動，拉荷・阿雷
認為大勢已去，不得不於1933（昭和8）
年接受安撫，並依日本統治當局的要求，
離開抗戰基地——玉穗社，移居歐巴喀爾
（今高雄縣桃源鄉勤和台地），後來又遷移
比鼻烏（今高雄縣桃源鄉復興村），在此
地以90歲之高壽，結束其多采多姿的一
生。

台　灣

發行人：王阿舍　　發行所：遠流舊聞社

舊聞提要
1. 台、日通婚法令3月1日實施。
2. 位於台北圓山、橫跨基隆河的明治橋，於3月15日

拉荷・阿雷歸順

【本報訊】日前（22日）高雄州廳前舉辦了
一場盛大的歸順典禮，典禮的主角是率領布
農族人抗日的拉荷・阿雷。拉荷・阿雷正式
歸順之後，長達近20年的布農族抗日行動才
告一段落。

　　回顧布農族20年來的抗日史，真可謂前
仆後繼。依照日本「理蕃誌稿」中之紀錄統
計：自1914（大正3）年9月沒收布農族人的
武器開始，到1916（大正5）年底止，花
蓮、台東、高雄境內之布農族人曾攻打日警
駐在所達35次；擊斃日警及其眷屬達98人之
多，其後日本人進行八通關越嶺警備線及關
山越嶺警備線之開路工程中，布農族人為了
不讓日人的勢力伸入中央山脈，更是傾巢而
出，擊斃日警或開路工人達104人。

　　綜觀布農族的分布範圍，北自「能高越」
（今台中霧社～初音間的中央山脈橫斷道路）
起，南至「知本山主幹」（今屏東霧臺～台
東知本中間中央山脈橫斷道路）之高山地

歷史報

1933年4月23日　穿越時空　獨漏舊聞

完工通車。
3. 總督府3月29日公佈「米穀統制法」在台灣實施。
4. 布農族抗日首領拉荷阿雷，率族人參加歸順典禮。

讀報天氣：雷陣雨
被遺忘指數：●●

▲ 日軍在「討蕃」過程中，對於頑抗的部落採取種種強烈的手段，如焚燒其住屋。

布農族抗日行動終告結束

▲ 日人的軍隊一波一波進入原住民所居住的山區，展開「理蕃」行動。

帶,西與賽夏族及阿里山鄒族為鄰,東至中央山脈的東麓及太麻里的東海岸部分地區。

　　生活環境因地形因素,布農族總是遠離外族統治者的主要交通路線,因此同化於外來文化的程度最淺也最慢,而且布農族生性剽悍、順應性低,常造成外族統治時代「理番」上的一大難題;除了蘭嶼島的雅美族之外,布農族是台灣島上最後歸順日本的台灣原住民。

　　早在17世紀初,布農族就已在台灣島上

▲ 從中央山脈遙望玉山。玉山東方一帶是布農族主要分布地區。

▲ 布農族具有過人的狩獵才能。

▲ 布農族東埔社的石板屋。

1千至1千3、4百公尺高的山區生活,是東南
亞土著族群中,住在最高地區的一族。在長
久的日子裡,布農族人無形中從事中央山脈
重要原始林務的開發及管理工作,因此該族
人對早期台
灣山林有著
正面和深遠
的貢獻。

▲ 布農族人出草後,帶回來的霧社泰雅
　族人的頭顱。

來去、來去、
咱相招go to有樂町

總督府安排莫那‧魯道和其他部落頭目前往日本觀光,
目的是 **?**

1 將日本的櫻花帶回霧社種植

2 招待大家去日本泡湯

3 去對日本國旗喊萬歲

4 與日本原住民喝咖啡聊是非

3 ^A 去對日本 國旗喊萬歲

2001年7月發行的20元硬幣，正面上有莫那·魯道肖像和霧社事件紀念碑。

日本內地觀光，是日本殖民政府統治台灣原住民的重要政策之一，
「觀光」活動的內容主要是參觀日本的現代化大都市，如東京、大阪、長崎等地，
以及其他的軍事設施與各項經濟建設。殖民者希望藉由參觀活動，
讓台灣原住民感受到日本國力的強盛，進而臣服於日本政府的統治。
1911年，日本政府舉辦了第2次「內地觀光」，包括莫那·魯道在內的霧社地區各部落頭目都被安
排，參加這次為期4個月的旅行。回到台灣後，莫那·魯道不但沒有因為日本強盛而產生效忠的心，
反而更加厭惡日人不平等的統治方式。然而也有些頭目畏懼於日本的國威，而產生親日的念頭。

反抗強權的泰雅族頭目——
莫那·魯道

1882~1930.12.1

莫那·魯道(Mona Ludao)，是南投霧社泰雅族賽德克人，在青少年時期就以驃悍善戰聞名，13歲時就已經開始出草獵首級。

莫那·魯道（中）與族人合照。

莫那·魯道的父親魯道·魯黑(Ludao Luhei)是泰雅族馬赫坡社的頭目，魯道·魯黑死後，莫那·魯道成為馬赫坡社新的頭目，也是霧社地區幾個具有影響力的領導人物之一。

1895年，日本人開始統治台灣，也開啟了泰雅族人日後悲慘的命運。1911年，莫那·魯道與其他部族頭目被安排前往日本參觀，他看到日本警察對待同胞的態度相當溫和，不像台灣的「理蕃警察」，動不動就對原住民惡言相向、拳打腳踢。在這趟旅行中，他深深感受到統治者的不平等對待。

1909年，莫那·魯道的妹妹狄娃絲·魯道（Tewas Ludao）嫁給日本警察近藤儀三郎。結婚數年後儀三郎意外失蹤，日人對狄娃絲卻沒有加以撫卹，狄娃絲後來的生活情況一直不是很好，兩個女兒也相繼病死。面對妹妹的悲慘遭遇，莫那·魯道對於日人懷恨在心。

1920年，在今天台中縣和平鄉地區，爆發了沙拉茅社（Salamao）抗日事件。莫那·魯道原本打算利用這個機會聯合族人發起抗日行動，但是被日警樺澤崇次郎察覺，就將他們全數編入討伐隊伍中。1924年，莫那·魯道再度聯合族人，計畫襲擊日警駐在所，然而消息再度走漏，莫那·魯道不得不放棄這次行動。事實上，日人對於原住民的監控相當嚴密，因此莫那·魯道雖然屢次有抗日的計畫，卻苦無適當的時機。

1930年，日人計畫興建學校宿舍。馬赫坡社族人負責搬運木材，不僅工資低廉，還必須用肩膀扛運或挑送碩大的木材。最令族人憤怒的是，砍伐木材的地方竟選在族人的狩獵區，也是祖先發源的聖地。同年，莫那·魯道的長子與日本巡查吉村克己因故互相鬥毆，莫那·魯道事後數次帶著小米酒前去賠罪，吉村不但不接受，反而出言恐嚇。

全族的公憤加上私人的仇怨，讓莫

莫那‧魯道的骨骸，一旁是他生前隨身攜帶的長槍。

那‧魯道更加堅定其抗日的決心。1930年10月27日上午，莫那‧魯道率領馬赫坡、勃阿倫、荷歌、羅得福、太羅萬、束庫等6個部落的300多名壯丁，突襲參加霧社公學校運動會的日人，然後進攻派出所、行政機關及宿舍，奪取武器彈藥。當時被殺死的日人有134名之多，歷史上稱之為「霧社事件」。

　　霧社事件發生之後，日人出動大批軍隊，並派出多架飛機，進入霧社鎮壓反叛的族人。英勇的戰士們終究難敵精良的軍事武器，族人傷亡慘重，莫

日軍以精銳武器對霧社泰雅族部落發動猛烈攻擊。

那‧魯道眼見大勢已去，下令全家人集體自盡，他自己為了不讓敵人取走他的頭顱，便走入深山之中，用他隨身的長槍結束了自己的生命。當時莫那‧魯道正值48歲的壯年。

　　1933年，日人意外尋獲他的遺骸，將他的遺骨在某次展覽會中公開展示，之後又送到台北帝國大學（今台灣大學）當作學術研究的標本。1974年，才遷葬到霧社的「山胞抗日起義紀念碑」旁。

台灣

發行人：王阿舍　　發行所：遠流舊聞社

舊聞提要

1. 台灣文化300年紀念會於10月27日召開，預計為期10天。
2. 台灣共產黨於10月27日的松山會議上成立「台灣赤色總

▲ 花岡一郎在台中師範學校就讀時的留影。

歷史報

工會」。

3. 因不滿長期受欺壓，泰雅族原住民10月27日爆發「霧社事件」。

4. 夾在日本人和泰雅族人之間的花崗一郎和二郎，於10月30日率家族集體自殺。

讀報天氣：陰雨
被遺忘指數：●●●

同化樣板左右為難
花崗家族集體自殺

【本報訊】服務於霧社蕃童教育所的花岡一郎，與任職於警察駐在所的花岡二郎，在霧社事件發生後的第3天，帶領家族中20餘名老弱婦孺到荷歌社東方的小富士山丘中，在大樹上集體上吊自縊。數日後，屍首才被日警尋獲，在場者都被這種壯烈的死法所震懾不已。

花岡一郎與花岡二郎，是日本政府一連串原住民同化政策下所產生的樣板人物。兩人皆是霧社地區泰雅族荷歌社人，在日人的教化政策之下，從公學校畢業之後，隨即被安排進入埔里尋常小學校高等科。一般而言，小學校是供日人的子女就讀，由此可知他們是日人刻意栽培的對象，其目的就是希

▲花岡一郎與花岡二郎的妻子——花子（前坐者）、初子，婚前兩人穿著和服合影。

望將他們培養成統治工具,並藉此來改造原住民。

　　花岡一郎從小學校高等科畢業之後,繼續至台中師範學校講學科就讀,畢業後返回霧社,擔任霧社分室警察。花岡二郎自埔里小學校畢業後,同樣回到霧社警察官吏駐在所,擔任基層警察的職位。之後兩人在日人的安排下分別與川野花子、高山初子兩名泰雅少女結婚。他們的婚禮不僅完全遵照日式儀禮,穿著和服在霧社分室的神前舉行,婚後一切日常生活起居,包括穿著打扮、生活習慣,都與一般日本人沒有什麼兩樣。

　　霧社事件發生之後,花岡家族的壯丁們皆義無反顧地投入抗日的行動,然而花岡2人卻不得不面臨情感上的重大矛盾,因為一方是與自己血脈相連的族人,一方卻是栽培自己多年的日本政府。而這兩方皆毫不留情地對花岡二人發出質疑與指責,認為他們是不忠於自己的叛徒。花岡二人因此夾在中間左右為難。

　　在這場抗日事件當中,花岡這類人物在民族認同上的失焦,被強烈地凸顯出來,因此造成了無法避免的悲劇。

▲ 花岡一郎在警察宿舍牆壁上所留下的遺書,由花岡一郎、花岡二郎兩人共同署名。

▲ 身穿傳統服飾的泰雅族少女。

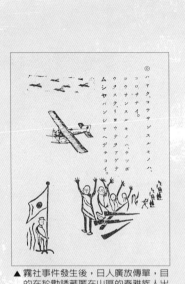

▲ 霧社事件發生後，日人廣放傳單，目的在於勸誘藏匿在山區的泰雅族人出來投降。

莫那·魯道年表
1882~1930.12.1

【延伸閱讀】
❖ 邱若龍，《霧社事件》，1991，時報文化。
❖ 鄧相揚，《霧社事件》，1997，玉山社。
❖ 鄧相揚，《風中緋櫻－霧社事件真相及花岡初子的故事》，2000，玉山社。

沒有白吃的午餐，
卻有免費的藥丸？

Q 南志信是原住民第一位西醫，常常免費替窮人看病，但是大家都很怕他，這是因為…**?**

1  他最愛幫人打針，痛得大家唉唉叫

2 他常罵病人為什麼不吃飯

3  叫大家背十大健康守則

4 強迫大家冬天洗冷水澡、青蛙跳

2A 他常罵病人
爲什麼不吃飯

南志信看病前，常會先問那些看起來沒有食欲的病人「吃飽沒？」
如果病人說吃不下，就會被他嚴厲責罵說：
「不吃，身體怎麼會好？你先吃，我才給你看病。」
然後南志信就會請他的妻子準備飯菜給病人吃，吃完才為他治病。
這個故事由南志信弟弟的外孫林鄉口述的，林鄉則是從父親林德勝口中得知的。

原住民第一位西醫——
南志信
1886.4.8～1958.8.13

南志信肖像。

南志信，卑南族名是Sising，日本人按照發音爲他配上了「志信」的漢字，一直到他42歲時，才加上了「南」之姓，成了「有名有姓」的人。他是台灣原住民第一位西醫，也是日治時代原住民社會裡官位最高的人，戰後又擔任過制憲國大代表，以及第一任的台灣省政府委員。

南志信生於1886年4月8日，他的母系祖先是卑南族卑南社（今台東市卑南里）的KataDeban家族，父親則來自LwangaDan家族，他在家排行第三。1899年，他進入4年制「國語傳習所卑南分教場」就讀，畢業後，隨即赴「知本分教場」任職，1905年獲推薦保送「台灣總督府醫學專門學校」就讀，1909年畢業，成爲全台灣原住民有史以來第一位受西式訓練的正牌醫生。

畢業後1年，他娶了同村女子吳蓮花（其父爲漢人，母爲卑南族）。婚後，爲了工作上的方便，偕同妻子搬到服務地點「台東醫院」附近居住，他們恩愛和睦地養育了12位子女。

南志信在台東醫院服務20年，職務曾至「醫官補」一職，然後自公職退休自行開業，名爲「南醫院」，其後再行醫17年。日本人曾以「精勵恪勤」之詞來形容他的工作表現，他並曾於1925年獲台灣總督府授與「紳章」。據說他對醫治瘧疾和恙蟲病，特別有心得，但是眞正受台東地方父老崇敬的原因，乃是他所具備的良好醫德。在窮困的年代，他經常爲窮苦人家免費診治，並提供藥品。

自醫院退職後，南志信行醫之餘，亦活躍於地方政壇。他曾先後出任官派之台東街及台東廳協議會的議員。二次戰後第二年，他的服務區域跨出台東，獲選爲

南志信（左）與白崇禧將軍（中）、阿美族頭目馬智禮（右）合影。

中華民國制憲國民大會代表。1947年2月
12日，他應台灣省行政長官公署之邀，巡
視並宣慰全省原住民時，正好遇上228事
變，他在旅途中險些遭難，幸有身懷武術
的長子隨行保護。同年，國民政府發佈他
擔任台灣省首任省府委員。省府委員卸任
後，他仍任省府顧問直至逝世。

　　從政期間，南志信為台灣原住民爭取
了最大的權益空間，其中四事，最能作為
寫照：第一，有鑒於「高山族」一詞含有
歧視的味道，南志信曾建議政府更名為
「台灣族」，可是未獲政府採用；第二，他
曾率領地方人士，極力爭取卑南大堤及交
通水利工程等；第三，籌設並出任首屆
「台灣省山地建設協會」理事長，任內向
省政府爭取，撥用省府委員辦公處做為
「山地會館」，為北上的原住民同胞提供一
落腳處；第四，為加強原住民社會的醫
療，他聯合了同任省府委員的醫校學弟杜
聰明，促成高雄醫學院開辦兩期「台灣省
山地醫師醫學專修科班」，藉著培養後
進，來解決原住民醫療資源的不足。

　　1958年8月13日晚上，南志信病逝於
省立台北醫院，享年73歲。他一生跨越清
朝、日治、國民政府三個時代，在變動最
烈的年代，以其認真、開明、飽滿的熱
忱，為同胞桑梓服務。

台灣

發行人：王阿舍　　發行所：遠流舊聞社

舊聞提要

1. 美軍F-100D超級軍刀機調駐防守台灣，8月6日國防部宣佈金門前線、台灣全島進入緊急備戰狀態。
2. 第一位原住民醫生及制憲國

▲南志信曾出任台東街協議會議員，此為日治時期的台東街鳥瞰。

▲台灣省參議會第1屆第11次大會留影。

歷 史 報

1958年8月23日 穿越時空　獨漏舊聞

代南志信，8月13日病逝於省立台北醫院。
3. 雲林地下水工程8月21日開工，是台灣首次開發地下水源。
4. 中共8月23日對大、小金門發動大規模砲戰，並企圖以兩棲部隊登陸金門。

讀報天氣：午後雷陣雨
被遺忘指數：●●○

原住民杏林政壇第一人
慟省府顧問南志信病逝

【本報訊】台灣省政府顧問、前省府委員、制憲國大代表南公志信，已於本月13日病逝於省立台北醫院，享年73歲。消息傳來各界咸表哀悼。其遺體已於15日在台北舉行火葬，隨即自台北移靈，經高雄返回故里台東鎮中正路208號自宅，並於21日下午舉行告別式。因金門馬祖匪軍蠢動，軍情告急，蔣總統、周省主席及故舊白崇禧將軍等均不克親臨，特頒輓聯吊唁。

南顧問是台東卑南族人，早年畢業於台灣總督府醫學專門學校，是台灣原住民擔任西醫第一人，也是原住民參政第一人，在台東地區以及全台各原住民族群中，皆有深厚的影響力。

從日治時期起，南志信便曾先後出任日

本官派之台東街及台東廳協議會的議員。當時最重要的原住民參政者，除了他之外，另有泰雅族的樂信·瓦旦，兩人分別代表南部與北部原住民。

戰後的1946年秋天，台東縣參議會推舉南顧問為制憲國大代表候選人，且於10月31日經省參議會選舉，以11票領先華清吉等其他5位候選人而當選為高山族代表。隔年2月應台灣省長官公署之邀，巡視並宣慰全省原住民，4月更與林獻堂等人獲國民政府任命為首任台灣省政府委員。

在這同時，南北各族原住民參政的勢力也有所消長。首先是「台灣省參議會」成立，參議員由官方指派，而第一屆的原住民參議員是高雄縣牡丹鄉排灣族的華清吉。後

來華清吉轉任省政府，由新竹縣泰雅族的林瑞昌（樂信·瓦旦）遞補。林瑞昌在任期間積極向政府爭取更多山地議員的名額（5名），但最後只獲3席名額。1951年台灣省參議會被改為「臨時省議會」，第一屆臨時議員改為間接選舉，由代表北部林瑞昌、南部的潘福隆、東部陳修福當選。1952年11月林瑞昌因「高山族匪諜案」被捕後，北部原住民的參政席次也隨之失去。

　　相較之下，南志信始終是原住民從政中最具影響力者之一。他於省府委員卸任後，仍擔任省府顧問直至逝世。從政期間，積極為台灣原住民爭取權益空間。同任制憲國大的鄭品聰先生，就盛讚他為人和藹親切，處事積極認真；而現任高雄醫學院的杜聰明院長，與南顧問同任省府委員，十分敬佩南顧問任內對高山族同胞各方面問題之關心，尤其是對醫療政策多所建言。

▲山地會館現在已更名為「台北原住民服務中心」，樓下也已改為湘菜餐廳。

議會名稱	成立時間	山地議員	備　　　　註
台灣省參議會	1946.8	華清吉 林瑞昌	1949.12.21華清吉轉任省府委員， 由林瑞昌遞補
第一屆臨時省參議會	1951.12	潘福隆 林瑞昌 陳修福	屏東縣 桃園縣 花蓮縣
第二屆臨時省參議會	1954.6	潘福隆 葛良拜 高贏清	屏東縣 台東縣 台東縣

▲早期台灣省議會之歷屆山地議員名單。

▲ 第一屆制憲國大代表在南京蔣中正宅前合影。

南志信年表
1886.4.8~1958.8.13

1886
●出生於台東廳卑南鄉卑南社。

1899
●進入4年制「國語傳習所卑南分教場」就讀。

1903
●至「國語傳習所知本分教場」服務。

1905
●進入「台灣總督府醫學專門學校」就讀，成為全台灣原住民有史以來第一位受西式訓練的正牌醫生。

1910
●與同村吳蓮花女士結婚。

1925
●獲台灣總督府授予紳章。

1929
●自省立台東醫院退休自行開業，名為「南醫院」。並兼任台東公學校及pasikaw（今初鹿）公學校之校醫。

1932
●擔任官派台東街協議會議員。

1937
●擔任官派台東廳協議會議員。

1946
●獲選為中華民國制憲國民大會代表。

1947
●擔任台灣省首任省府委員。

1958
●10時20分病逝於省立台北醫院，享年73歲。

八肚么么，時機歹歹，
討債也要靠本事

Q 二次大戰後，泰雅族醫師樂信‧瓦旦向政府請求歸還什麼東西**?**

1 繡在內褲上的
藏寶圖
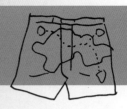

2 刻著象形文字的
老骨頭

3 阿祖住過的老地方

4 鑲著寶石的
權杖

3 A 阿祖住過的老地方

樂信‧瓦旦的族人本來是定居在三峽大豹，他的父親瓦旦‧燮促是大豹社頭目。

日本人治台以後，為了開發北台灣山區的自然資源，決定以軍警鎮壓散居在那裡的泰雅族人。

1906年，在軍警大規模包圍驅迫下，大豹社撤退到大嵙崁（今桃園大溪）一帶。

隔年，泰雅族與漢人聯合發動大規模的抗日事件，瓦旦‧燮促擔任大嵙崁前山蕃總頭目，

率領族人與日警激烈戰鬥。至1908年，泰雅族人死傷無數，瓦旦被迫歸順。

泰雅族人也失去選擇生活空間的自主權。

瓦旦‧燮促歸順之後，向日本人要求讓兒子樂信‧瓦旦接受近代教育。

以後，樂信不僅成為泰雅族最早受現代醫學教育者，也是族群中的政治精英。

1945年日人的統治結束，樂信認為台灣「光復」，他的故鄉也應該「光復」，

因此向國民政府請求返歸祖先的居住地。可惜，並未獲得政府的回應。

追求族群自治的
原住民精英——
樂信‧瓦旦

1899.8.16~1954.4.17

樂信‧瓦旦肖像。

樂信‧瓦旦生於1899年8月16日，是泰雅族賽德克族人。1908年，他的父親瓦旦‧燮促被迫歸順之後，樂信成為日本人特別培養的人才。

樂信最初就讀於「角板山蕃童教育所」，1910年轉入桃園尋常高等小學校，6年後，升入總督府醫學校就讀。1921年3月，樂信畢業，留在醫學校研究科研習半年，直到當年10月才返回泰雅族部落，從事醫療工作。1923年起，樂信擔任泰雅部落公醫，先後駐守過高岡、角板山、象鼻、尖石等地區，在部落醫治無數傷患的病痛，深受族人的敬仰。1938年新竹州開辦「高砂族助產婦講習會」時，樂信擔任了講師，開始傳授族人助產的知識。

1920年代，當樂信擔任泰雅族部落公醫時，正值日本人試圖改造泰雅族傳統生活型態。樂信在日人與族人之間居中協調，除了避免族人無謂的傷亡外，也替族人爭取到近代文明生活的待遇。因此，樂信策動部落繳出槍枝，並化解部落之間爭奪狩獵地盤的紛爭。1930年代的霧社事件之後，日本人重新釐定原住民統治政策，改以遷移部落、改善和安定原住民生活為重點。樂信積極協議部落移住，為族人尋求比較好的移住地點。1937年，他正在象鼻（今苗栗縣泰安鄉）擔任公醫時，恰逢部落發生流行性感冒，族人原本為此圖謀起事抗日，但由於樂信治療患者，處置得宜，才化解了這場衝突。

由於樂信的積極作為，日本警官為攏絡他，1929年安排他與日本四國的望族日野家族女子結婚。1940年代，日本人為動員「高砂義勇隊」投入第二次大戰的戰場，便提昇原住民族的政治地位。1945年4

樂信‧瓦旦（中立者）擔任日警的翻譯。

1950年，蔣介石在桃園角板山歡度來台的第一個生日，隨行者有蔣經國、宋長志等人，樂信‧瓦旦（左二）也在其中。

月樂信被聘為總督府評議員，象徵他在原住民族的重要地位。

樂信真正展露他的政治長才是在戰後初期。1945年8月日本殖民統治結束，樂信對於台灣「光復」抱持無限憧憬與希望。他認為原住民族從此可享有三民主義「民族平等的德政」，還歸自由平等。因此，他首先向國民政府請求返歸祖先居住地，接著以參與議會政治的方式，提出維護族群權益的訴求。1949年11月，樂信遞補當選第一屆省參議員，1951年11月當選第一屆臨時省議員。他在議會上提議：增加原住民民意代表名額、設置山地行政管理局、山地行政一元化、培養原住民人才、協助復興山地農村生活等，表明維護原住民參政、行政、教育、生活等基本權益。

然而，戰後初期政治局勢極為混亂、險惡，1952年11月政府當局以「高山族匪諜案」罪名，將樂信逮捕下獄，同一案件也包括了鄒族的政治精英吾雍‧雅達烏猶卡那。1954年4月17日樂信被處決，享年55歲。這群追求族群自治的原住民精英，竟然成為白色恐怖下的犧牲者。

台灣

發行人：王阿舍　　發行所：遠流舊聞社

舊聞提要

1. 台中仕紳林獻堂等人於1月30日向日本帝國議會提出「設置台灣議會請願書」，自此展開「設置台灣議會請願運動」。
2. 總督府醫學專門學校，2月12日

▲最早接受新式醫護教育的4名泰雅族人，右二為樂信‧瓦旦，右一為哈榮‧烏順。

歷 史 報

▲ 台灣總督府醫學校頒發給「台灣文學之父」賴和的畢業證書，證書上有各專科教授蓋印許可。

舉行總督府研究所第一任所長高木友枝及總督府第一任校長山口秀高的紀念像落成典禮。

3. 日本眾議院2月10日議決「台灣總督委任立法案」。

4. 台灣總督府醫學專門學校，將在4月舉行第20屆畢業典禮。

讀報天氣：陰

被遺忘指數：●

良醫醫人也醫治族群安危
精英教育下的原住民醫師

【本報訊】台灣總督府醫學專門學校將於下個月，舉行第20屆畢業生畢業典禮，在這批即將投入社會服務的醫學生當中，有兩名是來自新竹州泰雅族的原住民，分別是渡井三郎（泰雅族名為樂信·瓦旦）與宇都木一郎（泰雅族名為哈榮·烏順）。

在日本人的統治下，原住民各族群之中受醫學教育者僅極少數幾人。在渡井三郎與宇都木一郎之前，還有一位卑南族的南志信。他同樣是從總督府醫學校畢業，是第一位受正規現代醫學教育的原住民。在南志信之前，醫學校第三屆畢業生之中，則有兩位來自台東廳，分別是謝唐山、孟天成，他們兩人的母親是卑南族人。依據卑南族的婚

▲ 台灣總督府醫學校第17屆畢業生紀念照。

俗，他們的父親是入贅到女方家來的。

　　在日人所規畫的教育系統之中，受醫學教育者，可說是精英中的精英分子。1919年之前，醫學校與國語學校並立為台灣人的最高學府。不過，其中又以醫學教育更受日人重視，如修業年限長達5年、醫學生的公費待遇優於師範生、醫學生錄取率低於師範生等。再加上醫師收入較為豐裕，又是自由業，不受日本人壟斷出路的影響，因此有極為崇高的社會地位。醫學校畢業者不僅從事台灣的醫療衛生工作，更具有引導社會和文化發展的影響力。

　　原住民醫師對於族群也有類似的影響。

渡井三郎與宇都木一郎泰雅族兩位醫師，都在山區部落擔任「公醫」，這是執行公共衛生與醫療基層的第一線工作，除了必須機動處理各種傳染疾病與急難救助之外，也要擔負艱鉅的族群事務。特別是在日本人的「理蕃政策」下，泰雅族群被迫歷經重大的社會文化變遷，泰雅族醫師也因此承擔思考族群生存與發展的問題。

　　最初日本人設立醫學校的構想，是為改善公共衛生問題，培養土著醫學人才，以便於引進現代醫學，但就原住民醫師的表現，早已超出殖民者的設計甚多。

樂信・瓦旦（左立）擔任高岡公醫期間，在通往後山的巴陵橋上留影。

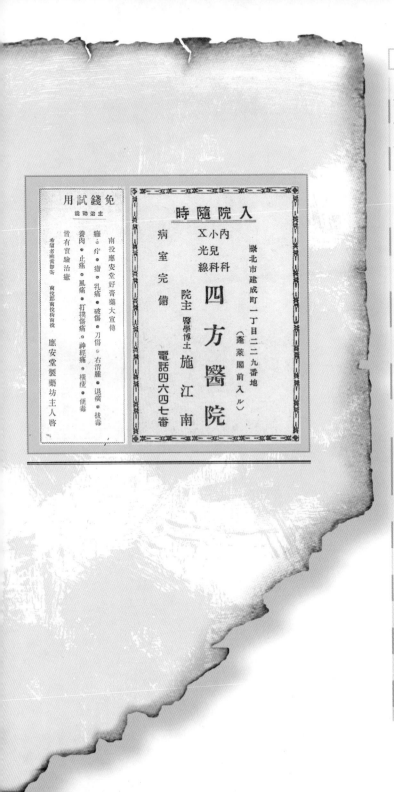

樂信・瓦旦年表

1899.8.16~1954.4.17

1899.8.16
● 出生。

1908
● 進入角板山蕃童教育所就讀,並改名渡井三郎。

1910
● 進入桃園尋常高等小學校就讀。

1916
● 進入台灣總督府醫學校就讀。

1921
● 從台灣總督府醫學專門學校畢業。
● 進入總督府醫學專校研究科研究半年。
● 任職大溪郡控溪療養所(在今新竹縣尖石鄉秀巒村)。

1923
● 擔任高岡(今桃園縣復興鄉三光)地區公醫。

1929
● 與日野サガノ(hino-sagano)結婚,並改名為日野三郎。

1937
● 擔任象鼻(今苗栗縣泰安鄉)地區公醫,治療部落流行性感冒。

1938
● 擔任新竹州井上(五峰)農民道場「高砂族助產婦講習會」講師。

1940
● 參加日本東京慶祝紀元2600年盛典,並擔任高砂族代表。

1945
● 被選為台灣總督府評議員。
● 擔任角板山衛生所所長。

1947
● 228事件爆發後,一方面穩定山地社會秩序,一方面保護外省人。
● 向政府陳情歸還「三峽大豹社祖先失地」。
● 被聘任省政府諮議,並改名林瑞昌。

1949
● 遞補當選第一屆省參議員。

1950
● 擔保阿里山鄒族開設新美農場貸款。

1951
● 當選第一屆臨時省議員。

1952
● 以「高山族匪諜案」被逮捕。

1954
● 以匪諜罪被槍決。

【延伸閱讀】
⇨ 吳文星,《日據時期台灣社會領導階層之研究》,1992,正中書局。
⇨ 莊永明等,《島國顧影》第二輯,1995,創意力文化。

學藝術的小孩不會變壞，
只怕大人不愛？

Q 吾雍・雅達烏猶卡那是第一位接受現代教育的鄒族人，也是阿里山
鄉第一位鄉長。他最有興趣的藝術是什麼 **?**

1 美術

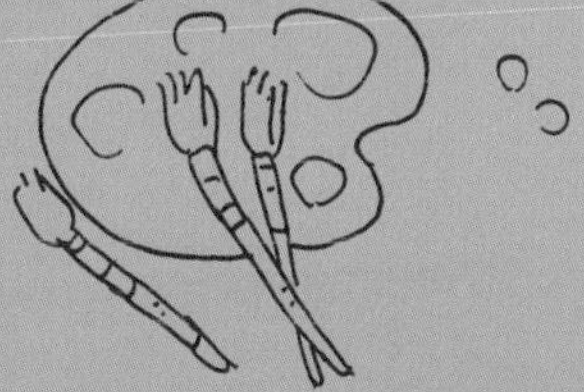

2 雕刻

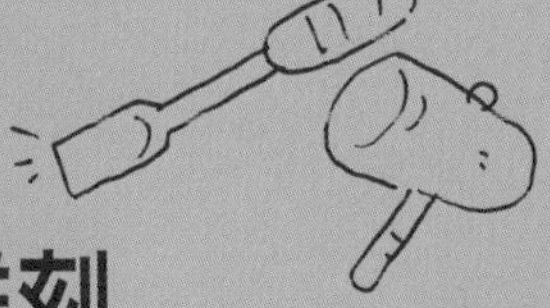

3 編織

4 音樂

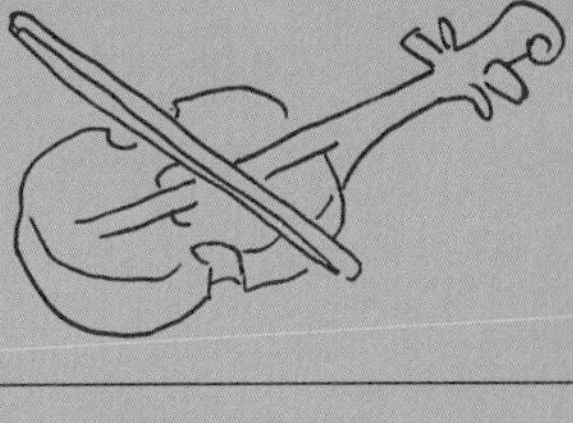

4 ^A 音樂

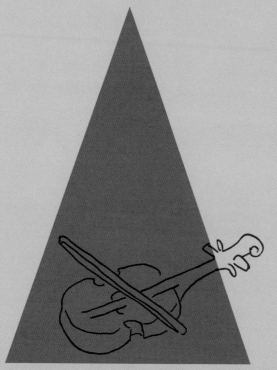

吾雍・雅達烏猶卡那是最早
接受近代師範教育的鄒族菁
英。

吾雍・雅達烏猶卡那在就讀台南師範學校期間，即對音樂產生高度的興趣，
其音樂天分也受到許多同儕與師長的讚賞。
回到阿里山的家鄉服務後，吾雍・雅達烏猶卡那曾經創作過一些極富日本風味的歌謠，
後來也做過描述鄒族生活的歌謠，包括現今仍傳頌於部落間的〈塔山之歌〉、〈攀登玉山〉等。
二次大戰後，為了鼓勵族人移民參與「新美農場」的開墾，
他也創作過〈移墾新美歌〉之類的歌謠，甚至還為了激發族人努力耕作，作過〈勤勞耕作歌〉。
吾雍・雅達烏猶卡那針對鄒族人傳統上重視歌謠文化的特性，
讓族人在歌唱中鼓舞意志、積極進取，確有獨到的作法。

帶領鄒族現代化的第一人——

高一生

（吾雍・雅達烏猶卡那）

1908～1954

高一生，原族名吾雍・雅達烏猶卡那(Uongu Yatauyogana)。1918年，他的父親阿巴里(avai)在曾文溪炸魚意外身亡，當時仍在達邦教育所求學的吾雍，遂被嘉義郡郡守收養，並且進入嘉義市玉川公學校。公學校畢業後，吾雍・雅達烏猶卡那被保送到台南師範學校與台灣學生一同學

1924年，吾雍・雅達烏猶卡那（中坐者）自嘉義市玉川公學校畢業，與兄長、好友合影。

習。在這段時間，吾雍逐漸累積與鄒族傳統迥異的知識，並且萌生要改善族人生活的決心。

　　求學期間，他經常在假期間返回阿里山的家鄉，協助達邦教育所的教學工作。1927年，俄國語言學家兼民俗文學學者聶夫斯基（N.A.Nevskij）到阿里山特富野部落調查語言與民俗文學。在1個月的工作期間，吾雍協助聶夫斯基，採集2,000餘條當時特富野部落的詞彙語料，和不少口傳文學的資料，後來這些調查成果，編成了《台灣鄒族語典》。

　　1930年3月，吾雍自台南師範學校畢業後，返回家鄉擔任教育所的教師以及警察駐在所的巡查，並協助日本統治者推動「理番」工作。在這段時期，包括水稻技術的引入、杉木與竹類的種植、埋葬習俗的改變及部落學習團體如青年會等的成立，均是吾雍重要的作為。

　　吾雍深知教育對於族群發展的重要性，所以他積極地鼓勵鄒族子弟接受新式教育。日治末期，鄒族就讀中等以上學校者，包括就讀台北帝國大學醫學部的杜孝生，共有十餘人，在當時的原住民族群中，其比率是相當高的。

　　1945年，二次大戰結束，吾雍於當年10月主動率領族人訪問嘉義市政籌備處，表明協助山區治安，並申請加入三民主義青年團。不久，官方委派吾雍為吳鳳鄉（今阿里山鄉）鄉長。此後，吾雍全力推動農業經濟，開展鄒族生活空間。他除了爭取嘉義市的日產「營光社」，作為鄒族人在嘉義市的會館（後來稱為「吳鳳鄉曹族招待所」，今所有權已轉讓）外；他還收回阿

里山閣大旅社的經營權，並規畫林業公共造產，以充實鄉內建設費用。

1947年2月，228事件爆發，嘉義市228處理委員會要求吾雍派人協助維持市區治安，他隨即指派湯守仁協同地方幹部帶領鄒族男子共60餘人，搭乘阿里山森林鐵路下山，準備進入嘉義；惟嘉義附近的鐵路遭破壞，鄒族隊伍因此無法前進，在局勢混亂的情況下，參加了攻占紅毛埤（今蘭潭）軍火庫及包圍嘉義機場的行動。後來嘉義地區局勢變化詭譎，鄒族隊伍的領導人覺得長久僵持並非良策，於是在獲得吾雍同意後返回阿里山，並將擄獲的軍火帶回。這次事件，成為日後吾雍等人遭到政府當局逮捕並處死的導火線。

之後吾雍向台南縣申請開墾阿里山新美、茶山等地的軍用牧場，並向銀行貸款50萬元，作為移民與開墾的費用。為了鼓勵族人遷徙到開墾區，他還親作＜移民之歌＞等歌謠，教導族人吟唱；同時，儘管牽涉228事件，吾雍仍積極聯合其他的原住民族知識分子，共商自治事宜，惟在當局施壓下，原定在霧社的會議並未召開；此時期台共部分成員進入阿里山區活動，導致吾雍和鄒族少數知識菁英，被羅織「匪諜叛亂」與「貪污」等罪名，於1952年9月遭逮捕，並在1954年2月被槍決遇難，時年46歲。

台灣

發行人：王阿舍　　發行所：遠流舊聞社

舊聞提要

1. 行政院指示，2月底前完成加入WTO（世界貿易組織）的雙邊諮詢工作。
2. 鄒族著名的瑪雅斯比祭典擴大舉辦，將有高雄縣與南投縣的

特富野傳統祭典

▲ 根據鄒族傳統，部落少年必須在男子會所進行成年禮，以解除母子之間的依賴關係，並增強男性之間的認同。

鄒族支群共同參加。

3. 因台灣省政府與台北市政府4名主管任免歸屬權，2月15日引發地方與中央人事主導權之爭。

4. 台中市「衛爾康西餐廳」2月15日大火，造成64死11傷，為台灣傷亡最慘重的火災。

讀報天氣：晴時多雲
被遺忘指數：○

▲ 左一與左二為來自高雄縣的南鄒族，右一為北鄒族。兩者的服飾有些許不同。

瑪雅斯比即將盛大展開

【本報訊】阿里山鄒族特富野部落著名的瑪雅斯比(mayasvi)祭典，今年特地邀請高雄縣與南投縣的鄒族支群共同參加。祭典委員會指出，瑪雅斯比祭典不是表演性質的文化活動或是讓觀光客參觀的豐年祭，而是具有神聖意義的莊嚴祭典，其目的是在於傳承部落悠久的文化傳統。

特富野的瑪雅斯比祭典，包含了道路祭、敵首祭、團結祭、男嬰初登會所禮以及成年禮，它的意義是在祈求部落團結、行路安順、驅除災疫、安魂、激勵青年，並增強部落整體生命力量。儀式的過程是以庫巴(kuba)為中心，受祭的天神與軍神在聽到祭眾的呼求(paebai)與迎神曲(ehoi)後，經由已經砍除樹枝的赤榕進入會所，並停駐敵首籠，等到祭祀完成，眾人吟唱送神曲，請諸神經由赤榕返回天界。

由於社會環境的變遷，現今瑪雅斯比祭

▲ 鄒族的男子會所「庫巴」，是維繫族群歷史文化傳統的場所。

▲ 族人搭建庫巴的屋頂。

材，而四邊圍以半身高之木欄。屋內北東側橫梁懸掛有敵首籠(ketpu no hangu)，並置放著燧火器(popsusa)、盾牌(pihci)、奠祭禮器及昔日獵獲敵首毛髮（敵首殘骨原本也放置在此處，日治末期改埋置於赤榕樹旁），其下邊欄縛有祭祀使用後之芙蓉樹皮籤條(fkuo)；屋中央有火塘，過去長年不熄。屋頂上及門前兩側，種植天神(hamo)最喜愛的金草(fiteu)；廣場北邊西側植有赤榕樹一株，為神靈上下的天梯。

典形式與內容已經有許多改變。

　　什麼是庫巴？從外觀上來看，它是個干欄無壁的長方形建築，以十幾根巨柱作為主幹，屋頂墊以細木，鋪覆五節芒茅草，屋內地板挑高，東邊一側以厚板，西側編以藤

　　據祭典委員會表示，庫巴不但是鄒族的活動中心，它還是鄒族男子傳承部落歷史文化知識的主要場所。所有男童必須在完成初登會所禮(patkaya)之後，才可以進入庫巴，等到他們受過成年禮以後，則必須經常在庫巴接受狩獵、出征技能的訓練，學習製作武器與生活用具，聽取部落耆

▲ 瑪雅斯比祭典過程。

▲ 身穿傳統服飾的部落長老。

老(mamameoi)講述部落歷史文化知識,接受訓誡。

　　庫巴的訓練,主要是培養年輕鄒族人成為知識豐富與技能嫻熟的男子,也讓他們在情感意志上凝聚成為強固的整體。過去鄒族能延續族群的命脈,威震鄰近的族群,與庫巴的訓練有直接的關聯。

　　對於鄒族人而言,庫巴就是他們的生命。所以,只要庫巴挺立,鄒族的部落就有無窮的希望。

新高山と
阿里山連峯
國立公園
大自然の
山岳美は
散策として
の興趣を
招く

臺灣阿里山
岡本寫眞館支店

高一生(吾雍‧雅達烏猶卡那)年表
1908~1954

1908
● 出生於阿里山鄒族部落。

1915
● 就讀達邦教育所。
● 取日籍名字「矢多一夫」,後改名為「矢多一生」,「矢多」是氏族名,「一生」是指最好的學生。

1918
● 父親因意外身亡,母親依鄒族習俗改嫁,遂被嘉義郡郡守收養,並轉學到嘉義市玉川公學校。

1924
● 被保送台南師範學校,受普通科4年及演習科2年教育。

1927
● 協助俄國學者聶夫斯基(N.A.Nevskij)到特富野部落蒐集部落語言及民間傳說。

1930
● 從台南師範學校畢業,返回達邦教育所任教。

1931
● 與同族女子湯川春子結婚。

1945
● 為適應新時局,改漢名為「高一生」。
● 主動率領族人訪問嘉義市政籌備處,申請加入三民主義青年團,及協助維持山區治安。
● 被委派為吳鳳鄉(今阿里山鄉)鄉長。

1947
● 爆發「228事件」;派湯守仁率領鄒族青年下山協助維持市區治安。
● 對逃到山上避難的台南縣長袁國欽加以保護。
● 國民政府開始搜捕228事件中的「叛亂分子」,遂率領族人主動投誠、繳械。
● 計畫邀請全台各山地鄉代表共同召開會議,討論山地自治事務,但未能如期進行。
● 向台南縣申請開墾阿里山新美、茶山等軍用牧場,做為族人的新墾地。

1950
● 由泰雅族參議員樂信‧瓦旦擔保,向銀行貸款50萬元,作為改善農業技術之用。
● 在國民政府嚴密監控下,被迫向政府表示忠誠之心,並繳交228事件中所帶回的槍械。

1951
● 率領鄒族致敬團到台北拜訪政府要員。
● 被台灣省保安司令部指控涉嫌加入「匪偽蓬萊族解放」組織。

1952
● 被政府有關單位逮捕。

1954
● 被判「匪諜叛亂罪」,遭槍決身亡,時年46歲。

【延伸閱讀】
✿ 王嵩山,《阿里山鄒族的歷史與政治》,1990,稻鄉。
✿ 王嵩山,《阿里山鄒族的宗教與社會生活》,1995,稻鄉。
✿ 范燕秋等,《島國顯影》第三輯,1997,創意力文化。

管他金魚木魚，
會爬樹的就是神仙魚

1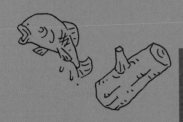
托泰是樹名，布典是一種
魚，合稱木魚

2 因為他的頭長得像木魚

3
因為他晚年信佛，
每天都敲木魚頌佛經

4 他是一位木雕大師，
而且最喜歡雕刻魚

1 ^A
托泰是樹名，
布典是一種魚，
合稱木魚

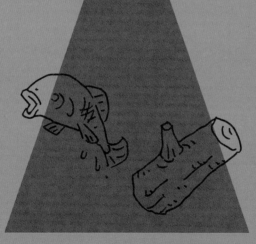

托 泰‧布典(Totai Buten)，又名陳抵帶，是擁有四分之一加禮宛血統的南勢阿美人。
Totai是一種樹，而Buten是魚的名字，所以日本考古學家國分直一，
戲稱托泰‧布典為「木魚」；抵帶，則是標準的加禮宛男人名，
「陳」是花蓮加禮宛聚落的五大漢姓之一。除了這兩個名字，
博物學家鹿野忠雄和地理學者田中薰，卻叫他Ami Jan，意思是「阿美小子」。
由小見大，托泰‧布典可說是充分反映台灣多族群、跨文化的一個代表人物。

融合各族群經驗的
原住民通譯——
托泰·布典
1910~1993

1910（明治43）年，托泰·布典生於花蓮加禮宛，12歲以後，搬遷到花蓮縣壽豐鄉的阿美Rinnafun部落（今壽豐鄉光豐社區），並定居下來；1993年9月7日，去世於花蓮。

托泰·布典頭紮布巾，此為早年加禮宛人的典型打扮。

托泰·布典的祖父是阿美族荳蘭社人，入贅到平埔族加禮宛社家庭，生下托泰的父親不久，在一次巡田水工作中，被太魯閣人出草馘首。托泰則是父親與阿美族女子所生，所以托泰有四分之一的加禮宛血統。4歲時，托泰被寄養在加禮宛祖母處，直到父親再娶一位富有寡婦後，才再度聯繫。

1918（大正7）年，托泰進入公學校就讀，畢業後進入花蓮農業補習學校。

1927（昭和2）年，渡海到日本京都的花園中學校就學。雖然後來中途退學，沒有完成學業，但托泰已成為精通日語、略通英文，並習染近代生活方式的新青年。這個背景，使他在機會來臨時，得以擔任溝通日本學者與原住民的嚮導與通譯。

1933（昭和8）年5月，日本學者鹿野忠雄與同伴明石哲三，在台東渡船場打聽去蘭嶼的船期，並預定前往都蘭山進行台灣動物相調查。此時，鹿野忠雄在台東街巧遇托泰，雙方一見如故，托泰覺得鹿野既不妄自尊大，又誠實安靜，所以願意無酬陪伴鹿野一起上都蘭山採集鳥類標本。同年9月，托泰又以助手的身分，陪同鹿野忠雄與神戶商科大學助教授田中薰等人，組隊攀登南湖大山，調查高山資源與冰河地形。

1934（昭和9）年8月14日到9月3日，田中薰再度央請托泰參加他的登山隊，從太魯閣出發，越中央山脈到台灣西部。自此，無論是在日治時代或戰後，托泰與日本、台

托泰·布典是阿美族人，同時也具有平埔加禮宛血統。此為身穿阿美族傳統服飾的托泰·布典。

灣的學術界朋友及調查研究工作，都結下不解之緣。

托泰·布典與光豐社區一位噶瑪蘭老人林加保訴說舊事。

當鹿野忠雄接受徵召準備到北婆羅洲參加太平洋戰爭前，曾推薦托泰到台北帝國大學製作動物標本。之後，托泰在該校的文政學部言語學研究室，繼續擔任番語研究助手。最後，托泰回到花蓮，擔任壽庄役場的農業指導員。

日本戰敗後，國民政府接管委員會全面接收花蓮。當時，委員會專員楊仲鯨注意到托泰頗為與眾不同，所以推薦他到台灣

托泰·布典在花蓮勝安宮的中庭內，與台灣文學界前輩鍾肇政合影。

行政長官公署上班。1949（民國38）年，托泰參加台灣省政府短期幹部訓練，之後被派回花蓮任職，1951（民國40）年1月20日，當選為壽豐鄉第一任民選鄉長。

長期以來被視為阿美族的托泰·布典，並未忘記自己的加禮宛血緣。1991年10月15日，他以陳抵帶之名、加禮宛後裔的族群身分，返回蘭陽平原，參加噶瑪蘭相關活動。他也曾經試圖祭祖，學習Palilin祭祖儀式。混融各種族群經驗於一身的托泰·布典，既是多語人，也充分展現多元的文化痕跡。

台灣

發行人：王阿舍　發行所：遠流舊聞社

舊聞提要

1.貢寮反核四運動出現暴力，10月4日反核人士駕車衝撞，造成員警1死17傷。
2.數百名學者、醫生於國慶日前夕聚會，要求廢除刑法第

▲陳抵帶（托泰·布典）於1991年回到故地尋根。

歷史報

100條。

3. 民進黨於10月13日召開五全大會,通過台獨黨綱,改選許信良為黨主席。

4. 為慶祝開蘭195周年,宜蘭縣政府於10月舉辦12項紀念活動。

讀報天氣:微雨

被遺忘指數: ●●●

紀念開蘭195周年
噶瑪蘭人展開尋根、正名活動

【本報訊】昨天是「讓我們回到先祖的故鄉:後山噶瑪蘭人返鄉尋根活動」的最後一天,162位來自花蓮、台東等地的噶瑪蘭後裔,在宜蘭縣政府的安排下,一齊到冬山河畔的加禮宛、流流等舊社探訪。當眾人看到古老巨大、矗立在流流社的Ka-sut(意為大葉山欖)時,不禁牽手起舞、高聲吟唱。其中,以83歲、來自花蓮壽豐鄉的陳抵帶(托泰·布典)老先生揮舞拐杖的身影,最受人注目。

▲ 返鄉尋根的噶瑪蘭後裔,在大葉山欖樹下牽手起舞,時年83歲的托泰·布典,更是拄著枴杖手舞足蹈。

「返鄉尋根」,是宜蘭縣政府主辦「紀念開蘭195周年」的12項活動中,與噶瑪蘭人直接有關的5項活動之一。這項活動主要針對從清道光中葉到日治時代,移居花蓮平原的宜

蘭噶瑪蘭後裔，也就是所謂「加禮宛人」，所特別舉辦的追溯先人足跡、返回原鄉活動。

這些噶瑪蘭後裔的祖先，當初為什麼離開原鄉？又為什麼在新居地被稱為「加禮宛」？歷史告訴我們，自從蘭陽平原在清嘉慶年間被編入國家體制後，噶瑪蘭人的傳統社會文化即開始產生巨大變遷。在這個過程中，不但噶瑪蘭村落日益貧窮、生計困難，其與漢人的族群差異，也使噶瑪蘭人社會地位偏低，形成倍受歧視的族群處境。噶瑪蘭人遂以離開原居地、尋求新空間，做為應對困境、解決問題的方法；此一移動，也同時匯入19世紀中葉全台平埔族群大遷徙的潮流

▲ 每年3、4月刺桐花盛開時，也正是飛魚季節的開始，噶瑪蘭人會舉辦LaLiGi祭典，祭告祖靈之後便下海捕魚。

之中。

據瞭解，當時的噶瑪蘭人，在蘭陽平原境內、境外展開多次規模不等的移動，如蘭陽溪以北村落的部分人口，遷往頭城北境的石城、合興、大溪、梗枋、外澳等；溪南村落的社眾，則向蘇澳、南方澳等處遷移。至於今三星鄉與東台灣的花蓮平原，則吸引更多噶瑪蘭人集體進墾。

南下花蓮平原，繼而擴散東海岸的噶瑪蘭人，其後裔被當地的阿美族人與漢人稱為「加禮宛」。他們主要分布在今花蓮縣新城鄉、花蓮市、豐濱鄉到台東縣長濱鄉；迄今為止，在新城鄉嘉里村，豐濱鄉新社村、立德村，與長濱鄉樟原村，還有不少噶瑪蘭後裔聚居其中。

移居花東，使噶瑪蘭傳統社會文化與母語，得以部分保存下來；而族人對「我是噶瑪蘭」的自覺，也比原鄉宜蘭清楚明確。在認同本土、追尋台灣歷史文化的風氣日益熱烈的此刻，宜蘭縣政府的一系列活動，預期將使噶瑪蘭族再度為世人所注目，並對噶瑪蘭後裔的正名運動有催化效果。

▲ 花蓮、台東及宜蘭原鄉的噶瑪蘭人，連續6年組隊到冬山河（噶瑪蘭的母河）參加龍舟競賽。

▲ 早年平埔族人在稻禾成熟之時，為防止「生番」行搶，會在田地邊緣設置「望樓」作為瞭望之用。圖為平埔後裔嘗試搭建望樓的情形。

托泰・布典年表
1910~1993

1910
● 出生於花蓮加禮宛。

1918
● 進入公學校就讀。

1922之後
● 搬遷到花蓮縣壽豐鄉的阿美Rinnafun部落，並在此定居。

1927
● 進入日本京都的花園中學就讀。

1933
● 擔任日人鹿野忠雄的翻譯兼嚮導，前往台東都蘭山採集標本。
● 與鹿野忠雄及田中薰等人，組隊攀登南湖大山，調查高山資源。

1934
● 再度加入田中薰的登山隊，從太魯閣出發，翻越中央山脈到台灣西部。

1940年代
● 到台北帝國大學，製作動物標本。
● 在帝大的文政學部言語學研究室，擔任番語研究助手。
● 回花蓮擔任壽庄役場的農業指導員。

1945
● 到台灣行政長官公署上班。

1949
● 參加台灣省政府短期幹部訓練，隨後回到花蓮任職。

1951
● 當選花蓮縣壽豐鄉第一任民選鄉長。

1991
● 以加禮宛後裔身分，到宜蘭參加「後山噶瑪蘭人返鄉尋根活動」。

1993
● 9月7日去世於花蓮。

【延伸閱讀】
⇨ 張振岳，《噶瑪蘭族的特殊祭儀與生活》，1998，常民文化。
⇨ 張振岳，《台灣後山風土誌》，1994，台原。
⇨ 楊南郡、徐如林，《與子偕行》，1993，晨星。

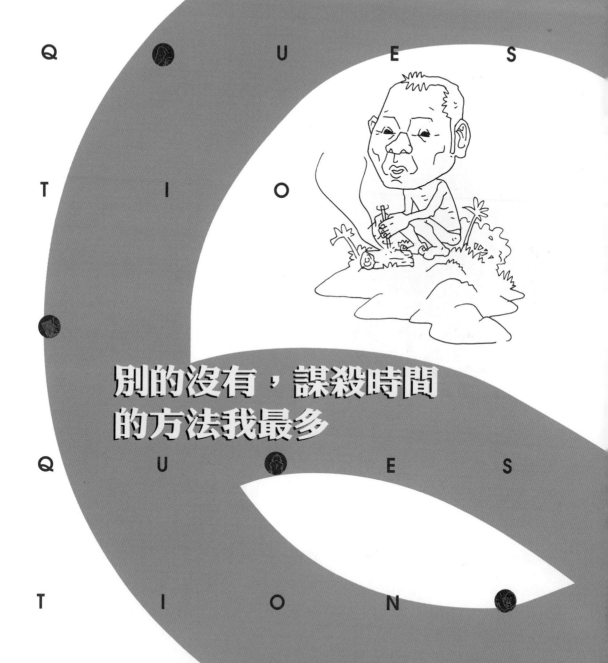

別的沒有，謀殺時間
的方法我最多

1 拔腳毛

2 打算盤

3 孵雞蛋

4 編歌來唱

2 ^A 打算盤

李光輝是台東縣阿美族人。

1943年，25歲的他被日本殖民政府召集入伍，編入「高砂義勇隊」，派往南洋作戰。

1944年7月，他在印尼摩祿泰島執行任務時脫離部隊，遁入深山，從此隱匿30年。

獨自一人在叢林生活，非常寂寞。因此，李光輝便做了一個算盤來玩。他砍了很多小樹根，

一塊一塊地磨圓，以鐵線燒紅穿孔，然後用木條及細竹做成方框和支柱，

將磨圓的珠子串了起來。算盤做好以後，有事沒事拿來撥弄，算算樹上的香蕉、

木瓜結了多少？算算親手搭蓋的茅舍周圍，小石子舖了多少？

只要看得到的東西，都可以拿算盤算一算。用這種方法，他打發了許多無聊的日子。

阿美族的現代魯濱遜——李光輝

1919~1979.6

李光輝，阿美族的本名叫史尼育，日文名字叫做中村輝夫，1919年生於台東縣。

李光輝肖像。

1943年，他被日本殖民政府召集，加入「高砂義勇隊」，職任一等兵，隨軍到南洋作戰。1944年7月，他在印尼摩祿泰島脫離部隊，躲入深山，獨自過活。直到30年後，也就是1974年的年底，才被印尼軍方發現。隔年元月，被接回到台灣來。

消息傳出，轟動一時。很多人都想了解，他是怎麼活過這30年的？

其實，李光輝所用的無非是他從部落生活學習到的野外求生技能。

他在叢林裡蓋了一間兩公尺見方的茅屋，作為棲身之所。他動手清出一大塊空地，種植甜瓜、甘蔗、香蕉及各種根莖作物，以供食用。他也獵取動物，但害怕槍聲惹來注意，因此用的是陷阱，而不是他從部隊帶出來的日製38式步槍。

他搓麻編繩，削竹製簍，還曾經撿拾飛機的殘骸來打造鍋子。除了原先的士兵配備，其他一切生活器具都是他親手做的。在這些器具裡，有兩樣東西最引人注目，一樣是算盤，另一樣是一根挖了12個孔又打了許多繩結的木條。前者是拿來玩的，後者則拿來當月曆——每逢月圓，他就用羽毛插一個孔，而每插了12個孔後，便在木條上打一個結，表示過了一年。因此當李光輝被發現時，他本身也知道自己已經在深山裡躲了30年。

李光輝回到文明世界，驚訝的是戰爭居然早已結束，世界變得幾乎教他無從認識。高興的是獨生子長大成家。等他知道元配再婚已有20年，又感到非常憤怒。不

年輕時的李光輝與他的家人。

李光輝以這個簡陋的器具來計算日期。

李光輝自製的算盤。

過最後，他成全了元配再婚後的家庭，並未要求元配和他一起住。

一年後，在台東縣成功鎮，政府協助李光輝蓋了一棟新屋。但這棟房子，李光輝並沒有住多久。回到台灣後，他一天都抽兩包煙，對於脫離軍隊的經過、以及叢林獨居的30年歲月，都不願多說。1979年6月，他因肺癌去世。

李光輝與他的親人合影。

台灣

發行人：王阿舍　發行所：遠流舊聞社

舊聞提要

1. 台灣省政府於1974年12月17日通過「台灣省消除髒亂方案」。
2. 台灣保護養女運動委員會將於12月28日起歸併在台灣省

▲ 原住民被編入「高砂義勇隊」，直接投入二次大戰的戰場。

及台北市婦女會內。

3. 因甘比亞與中共建交，我國於12月30日與甘比亞斷交。

4. 1944年以日本兵的身分前往印尼作戰的李光輝，在印尼叢林中度過30年後返回台灣。

讀報天氣：雷陣雨
被遺忘指數：●●

高砂義勇隊的賠償問題亟待政府正視

【本報訊】去年年底被印尼軍方發現的原住民日本兵李光輝，於本月初回到台灣。

李光輝匿身於印尼叢林30年的特殊經驗，引起社會大眾的好奇與矚目。事實上，有更多原住民日本兵，不是當時在戰場上命喪黃泉，就是身受重傷而終身殘廢。這些歷劫歸來的生還者，卻一直沒有得到他們應有的賠償。日本政府以原住民日本兵非日本國籍為理由，拒絕他們所提出的賠償申請，對於這些當年為日本政府賣命的原住民老兵而言，真是情何以堪！

1942年，日本發動太平洋戰爭，做為日本殖民地的台灣，無可避免地被捲入這場戰爭的浩劫中。大戰期間，為了支應太平洋戰線所需人力，日本政府陸續徵召大批台灣人以日本兵的身分投入戰場，總人數超過了20

▲ 英勇、服從、為長官效命，即使犧牲生命也在所不惜，是日本籍老兵對於高砂義勇隊員的典型印象。右為卑南族孫德法。

萬人。其中有近2萬名的原住民，以「高砂義勇隊」的名義，加入日本的陸軍、海軍，然後再分7個梯次，派遣到菲律賓、新幾內亞等熱帶叢林地區。

這支隊伍並不屬於編制上的正規軍，原先只是讓他們擔任雜勤工作，挑挑武器，運送補給。然而一旦投入南洋戰場之後，很神奇的是，他們卻變成了日軍不能不倚賴的兵力。高砂義勇隊行動敏捷，勇敢奮戰，熟悉叢林生活，懂得怎樣在惡劣的環境中求生存，處處表現得比日本軍人優越。尤有甚者，是他們對責任的榮譽感，例如寧可自己餓死，也不願在補給途中吃掉運送的糧食，更贏得日軍的尊敬。

當時，很多身陷在南洋的日本軍人，是靠著高砂義勇隊的照顧才存活下來。而高砂義勇隊，卻因日軍的重用，往往被派往第一線作戰，大半死在戰場。

戰爭結束後回到台灣，統治者換為國民政府。倖存的高砂義勇隊隊員，由於曾為日軍效命，必須學習沉默，忍受反日社會的批判。而曾經號召高砂義勇隊為天皇盡忠的日本政府，也遺忘了他們。高砂義勇隊於是成了歷史夾縫裡的名詞，長期隱沒，找不到該有的位置。

▲ 戰時日本政府強力灌輸台灣人忠君愛國的觀念，因此當時的年輕人都認為當兵是一件光榮的事。此為高砂義勇隊隊員──卑南族胡富善。

▲ 出征前的高砂義勇隊，在神社前留影。

【延伸閱讀】

⇨ 莊永明，《台灣第一》，1995，時報出版。

⇨ 陳銘城、張國權等，《台灣兵影像故事》，1997，前衛。

阿立祖啊，拜託你
麥擱氣Ｙ啦～～

1 把李仁記變成青蛙公主

2 叫李仁記的丈夫罰站

3 罰她的鄰居用手走路

4 讓全村人3年餓肚皮

2 ^A 叫李仁記的丈夫罰站

在民間的口耳相傳中，如果有人做了偷摘田園蔬果等讓阿立祖不高興的事，阿立祖就會「作向」譴責、教訓一番，例如讓螺殼飛鑽進人身肉中、讓人痛苦難當，或唇腫手硬、不能動彈。所以，當阿立祖要李仁記擔任尪姨，卻遭到她的家人反對時，她的丈夫經常遭到一些莫名其妙的事——不是在園中摘果時手腳腫脹、無法移動，就是罰站田中、徒嘆奈何。

人物小傳

平埔阿嬤、西拉雅尪姨——

李仁記

1919.6.26~2001.2.8

台南縣東山鄉的東河村，舊稱「吉貝耍」，位於村落西北邊的大公廨（Kongkai），則是全村的阿立祖信仰祭祀中心。幾十年來主持大公廨歲時祭儀的李仁記，不但是溝通阿立祖與世人關係的尪姨，也是西拉雅宗教與文化的繼承者與展演者。

1919（大正8）年6月26日，李仁記生於吉貝耍，長大後，嫁給同村的駱易記，育有三子五女。2001（民國90）年2月8日下午4時左右，李仁記在家中庭院跌跤，送醫時已昏迷不醒，而於4時50分安詳去世，享年83歲。

李仁記17歲時，即被「阿立祖」

李仁記是族人所倚重的尪姨，也是一位慈祥可親的阿嬤。

李仁記和兒子在自家門前合影。

選中，指定她擔任神明與凡人的媒介。然而，她的父母不願意李仁記當尪姨，加上婚後的李仁記忙於生兒育女、下田工作、操持家務，所以還是無法應阿立祖要求，專心扮演尪姨角色。當時，阿立祖就曾以各種方式展示神威或作弄她的丈夫，以表達不快。

雖然如此，李仁記仍在阿立祖帶引下，為鄉里村人收驚解厄、消災治病，並逐漸建立聲名。1959（民國48）年，李仁記生下最小的孩子後，身體產生很大的變化，當求醫診治都無效時，才知道是阿立祖要她全心全意做好尪姨的工作。自此以後，李仁記成為專業尪姨，守護著大公廨，年復一年以繁複完整的儀式，奉祀阿立祖，庇佑善男信女。

一般認為，「吉貝耍」係由西拉雅族蕭壠社群後裔所建立，也是保留西拉雅傳統宗教文化最完整的村落之一。迄今為止，大公廨與5個分布在各方位的小公廨，仍維持傳統的祭壇形制，保持進入時需脫鞋的規矩，以尊重阿立祖不喜污穢、愛清潔的習性；同時，不燒香、不燒金紙，也不拜金身。

除了平日例行的供奉外，每年農曆3月

1999年「北頭洋阿立祖」活動中，李仁記（左一）與日籍學者國分直一（右二）、民間收藏家徐瀛洲（右一）合影。

29日的阿立祖生日，7月1日開向、29日禁向，9月初4到初5的「七神破船遇難日」與「嚎海」，都是李仁記必須主持的祭典。在複雜的儀式過程中，李仁記既須唸頌、吟唱各種禱詞，噴酒、揮使有法力的宜興（I-hin）葉（植物的一種），起乩躺倒、高聲唱喝，以傳達阿立祖的旨意；還要照看全場，監督儀式祭品的細節，並與各地來賀的神明、靈媒打交道。當牽曲少女在深夜的公廨前繞場唸唱時，李仁記在場中的一舉一動，仍然牽引著所有旁觀者的視線。李仁記可說是維繫吉貝耍阿立祖祭典的靈魂人物。

李仁記是著名的「平埔阿嬤」，固守大公廨40年，照拂過所有調查研究的學者與記錄祭儀的報導者。她的子女家人、寧靜安詳的駱家三合院，更曾親切溫暖地招呼過許多不請自來的訪客。李仁記雖以高壽終年，仍令人懷想不已。

發行人：王阿舍　發行所：遠流舊聞社

舊聞提要

1.華人導演李安以「臥虎藏龍」一片榮獲金球獎最佳外語片及最佳導演。
2.立法院1月31日通過決議續建核四。

平埔阿嬤逝世

▲「嚎海祭」是吉貝耍重要的祭典之一，主持祭典的李仁記手持尪祖拐、面對一片茫茫的稻海作法。

歷 史 報

3. 台北國際書展2月1日舉行，除傳統平面書商外，並有多家網路書店參展。
4. 職司「尪姨」達42年的西拉雅宗教領袖李仁記，於2月8日逝世。

讀報天氣：陰雨綿綿
被遺忘指數：●●○

吉貝耍大公廨痛失宗教領袖

【本報訊】古地名「吉貝耍」的台南縣東山鄉東河村，昨天失去了職司「尪姨」已有42年歷史的宗教領袖李仁記。李仁記是吉貝耍大公廨祭典的靈魂人物，她的辭世被視為平埔文化的重大損失。

據瞭解，東山鄉東河村與大內鄉頭社村，是台南縣兩處規模最完整、也最具代表性的「祀壺之村」。長期以來，「祀壺習俗」被研究者視為考察西拉雅族群分布與遺跡的重要方法；所謂「祀壺之村」，即是日本學者國分直一給予這些聚落的稱呼。

「祀壺」最特別的地方，是盛水於各種材質的壺、罐、瓶、碗、甕等容器內，置放地上或桌上，以表徵神明的存在，而沒有像漢人民間信仰中雕刻成體的神像、金身。壺內所裝的水，有時是酒，有時是經過「作向」處理、具有法力的「向水」。瓶口多插有雞冠花、圓仔花、菊花等，再配以「作向」時使用的枝葉，如竹蘭、竹葉、五節芒或甘蔗

▲ 吉貝耍大公廨外觀。

葉。檳榔與米酒是一般祭拜時主要的供品，也是太祖或阿立祖兵將的最愛；另外，豬頭殼或鹿角、花環及懸掛兩物的竹葩，則是特殊祭典後留下的物品。

民間對這些壺有各式各樣的稱呼，但歸納起來大概含有三種不同性質的神明：第一種是表示社群的共同祭祀對象，如太祖、案祖、老祖、南路開基祖、放索開基祖等等。第二種是代表家系祖先的阿立祖、阿立母、

壁腳佛仔、門後佛仔等稱呼，通常是由長女或長媳承襲祭祀。第三種是代表尪姨法力來源的神明，如向祖、向公、向婆等。有趣的是，由於這些信仰與漢人民間信仰的密切關係，老君、老君祖、太上老君、太上李老君等稱呼，也被普遍使用。

　　「祀壺」現象，不止分布在西拉雅族原鄉的台南平原（即蕭壟、麻豆、目加溜灣與新港等四大社的故地），台南與高雄內山，更發現多處與大武壟社群有關的祀壺聚落。近年來，研究者還在屏東、台東與花蓮等地，發現不少祀壺之家或祀壺之村；其中，有的和大武壟社群有關，有的則和屏東平原馬卡道族的鳳山八社有關。

　　「祀壺」雖然是西拉雅傳統宗教文化延續與留存的現象之一，但在當代台灣的歷史脈絡下，祀壺者並不能等同於西拉雅人，反而顯現其與漢人密切互動的面相，構成台灣社會文化的獨特性。

▲ 已宰好的豬是「夜祭」中的祭品，尪姨李仁記會先請神明降臨，然後點燃乾茅草，拍打豬體，以示淨豬，再噴酒消毒，蓋上白布，以免被其他神魂所竊。

▲ 檳榔與酒是村人奉祀阿立祖的重要祭品。

▲「嚎海祭」中的牽曲。村人將阿立祖的訓示編成歌謠，由少女圍起圓圈低聲吟唱。

李仁記年表
1919.6.26~2001.2.8

1919
●6月26日生於吉貝要（今台南縣東山鄉東河村）。

1936
●被阿立祖選中，擔任尪姨。

1959
●生下老么之後，正式成為吉貝要的尪姨。

1980年代
●多名人類學者與民間學者，包括潘英海、劉還月等人，開始來到吉貝要進行田野調查，並發表相關學術論文與報導文學。自此開始掀起一股以李仁記為主題的採訪報導熱潮。

1996
●自由攝影家李旭彬開始進行影像記錄。

1998
●因白內障接受手術治療。

1999
●木枝・籠爻（漢名潘朝成，噶瑪蘭人）開始拍攝「吉貝要與平埔阿嬤」紀錄片。
●在「北頭洋阿立祖民俗文化」系列活動中，經擲筊獲得吉貝要公廨阿立祖許可後，到北頭洋（台南縣佳里鎮境內）公廨傳授祭典與牽曲。

2001
●2月8日在家中跌跤昏迷，送醫不治去世。

【延伸閱讀】
⇨ 石萬壽，《台灣的拜壺民族》，1990，台原。
⇨ 台灣銀行經濟研究室編，《安平縣雜記》，1959，臺灣文獻叢刊第52種。

拍拍手，放煙火，
叫我亞洲ㄕˋ小龍

Q 楊傳廣在第二屆亞運會拿下十項運動的金牌，
記者送給他一個封號是？

1 亞洲飛毛腿

2 亞洲鐵金剛

3 亞洲超人

4 亞洲鐵人

4 A 亞洲鐵人

勇奪奧運十項運動銀
牌的楊傳廣

1954 年，楊傳廣代表中華民國，參加在馬尼拉舉行的第二屆亞洲運動會，
這是他首度參加國際性的運動比賽。楊傳廣在之前的代表選手選拔賽中，
參加了跳高與跳遠等項目，但表現並不突出，最後以吊車尾的成績成為國家代表隊的一員。
亞運會正式展開後，楊傳廣參加了十項運動、跳遠、高欄等3項競賽，
他在跳遠及跳高兩個項目中表現平平，卻在十項運動中一鳴驚人，打敗了其他新秀老將，
得到了冠軍。比賽成績揭曉之後，引起了亞洲體壇對這位台灣青年的注目，
各報紙媒體皆以頭條新聞來報導楊傳廣所創下的記錄，
英文報紙並送給他「亞洲鐵人」的稱號。

十項全能的亞洲鐵人──
楊傳廣
1933~

楊傳廣，台東縣阿美族人，是揚名於近代國際體壇的田徑選手。他出生於1933年，父母為他取了一個阿美族的名字，叫「Misun」。

楊傳廣的求學歷程中，最早接觸的運動競賽項目是棒球。1951年，他代表台東縣參加東部聯合運動會，在跳高項目創下佳績。從此，楊傳廣憑著他天賦的過人體能，開始在田徑場上嶄露頭角。

1954年，楊傳廣代表中華民國參加亞洲運動會，他在十項運動中一鳴驚人，得到了冠軍，引起了亞洲體壇對這位台灣青年的注目，報紙媒體紛紛以頭條新聞來報導，英文報紙並稱他為「亞洲鐵人」。

美國加州地方報紙所繪的楊傳廣。

所謂「十項運動」，是一個向人類能力極限挑戰運動項目，由100公尺賽跑、跳遠、鉛球、跳高、400公尺賽跑、110公尺跳欄、鐵餅、撐竿跳高、標槍、1500公尺賽跑等10

楊傳廣獲得奧運銀牌後回到台灣，受到民眾熱烈歡迎。

個項目所組成。這些項目要在短短兩天之內競賽完畢，所以參賽選手除了要具備驚人的體力外，還須具備速度、耐力、敏捷度與靈活度、彈跳力等各項運動資質。能夠在這個項目上取得輝煌成績的運動員，都會被冠上「鐵人」的美譽。

1958年，楊傳廣參加第三屆亞洲運動會，在十項運動項目上又勇奪冠軍。亞運結束之後，楊傳廣赴美參加全美十項運動錦標賽，不但得到亞軍，而且打破了亞洲人所保持的記錄。國際體壇因此開始注意到這名新崛起的「亞洲鐵人」。同年，美國歷史最悠久、最具權威性的海姆斯體育基金協會，選出年度世界業餘運動家，楊傳廣也列名其中。

為了獲得更好的訓練環境，楊傳廣在政府的安排下，進入美國加州大學洛杉磯分校體育系就讀。在美國期間，楊傳廣參加了160多次的大小競賽，不僅捷報頻傳，也為他個人的運動生涯增添了更多輝煌的記錄，同時他也藉由多次參賽來累積實戰經驗。

1960年，楊傳廣參加在羅馬舉行的奧運，與美國田徑好手強生，角逐十項運動的勝利王座。在一番激烈的競爭之後，楊傳廣敗給了強生，獲得銀牌，但是他雖敗猶榮，因為他已經為亞洲人創下前所未有的記錄。黃種人在體質方面先天條件不如黑種人與白種人，所以在十項運動項目中一直屈居下風，而楊傳廣的傑出表現，則破除了這種長久以來的刻板觀念。

1963年，楊傳廣參加美國加州聖安東尼運動會，不但勇奪十項運動的冠軍，而且打破了世界最高記錄。當時楊傳廣已經年屆30歲，雖然一般田徑選手最佳狀態是在20至25歲，但是他的體能仍然沒有明顯的衰退現象，並且創下了他運動生涯的另一個高峰。

1964年的東京奧運會，楊傳廣並未如預期創下佳績，之後就從運動場上退休。退休之後，他曾出任體育總會訓練中心的總監。1983年，楊傳廣嘗試改走從政之路，經國民黨提名立委並當選。1989年，他則代表民進黨角逐台東縣長，不過未能順利當選。

1999年，楊傳廣重新出現在大眾媒體上，所暢談的卻是他在台東玉璽宮當神媒的超自然經驗。2000年年底，他因為罹患肝腫瘤進入醫院接受治療，後來病情有所好轉，便回到國家體育選手訓練中心，指導中華成棒選手進行重量訓練。

台灣

發行人：王阿舍　發行所：遠流舊聞社

舊聞提要

1.考試院在9月8日決議，次年起國家考試取消國父遺教與三民主義兩項應考科目。
2.高雄縣鳳山歌仔戲班9月8日

▲郭源治正在進行體能訓練。

大火，家族4代8人罹難。

3.八通關古道於9月13日完成踏勘。

4.旅日棒球選手郭源治，在9月22日的比賽創下個
人球賽生涯中第100次勝利。

讀報天氣：晴

被遺忘指數：●○

從楊傳廣到郭源治
原住民挑戰人類體能極限

【本報訊】昨日日本職棒舉行了本年度球季的最後一場比賽，旅日棒球投手郭源治在這場球賽中，擔任中日隊的當家投手。他力投9局，以4比0的比數完封阪神隊，不但讓中日隊拿下本季日本職棒中央聯盟的冠軍寶座，也締造了他個人職業棒球生涯中第100次的勝利，以及第100次的救援成功記錄。

郭源治是台東縣阿美族的原住民，他自從1981年前往日本發展之後，就創下不少輝煌的記錄，為台灣、也為阿美族原住民爭取極大榮譽。事實上，除了他以外，現今台灣體壇上還有很多出色的運動員也都具有原住民血統，例如籃球名將鄭志龍、朱志清、黃春雄，棒球投手陳義信、劉義傳，在野手王光輝、羅世幸等人。

回顧原住民在運動場上的表現，早在日本治台期間，就出現一支由原住民組成的「高砂棒球隊」。這支球隊於1925年遠征日本，創下6場比賽4勝1和1負的亮麗戰績，球隊中數名主將，隨即被網羅至日本，成為日本職棒第一批明星球員。

1950年代開始，田徑場成為原住民活躍的舞臺。1954年第二屆亞運在馬尼拉舉行，阿美族的楊傳廣代表中華民國，摘下第一面亞運金牌，同是阿美族的林德生則拿下跳遠項目的銀牌。總計1954年到1958年的4屆亞運會中，原住民選手一共為中華民國拿下12面田徑方面的獎牌。

1960年在羅馬舉行的第17屆奧運會，楊傳廣在男子10項運動項目中，以些微的差距拿到銀牌。這是中華民國在世界性運動會中的第一面獎牌，也是台灣原住民向世界體壇展露實力的最高峰。

　　為什麼原住民在運動方面的表現如此突出？若從生理角度分析，原住民運動選手普遍具備了優良的體力、驚人的爆發力、敏銳的節奏感等多項體能上的特點。若從族群文化上來探討，原住民的生活型態必須時時與大自然搏鬥，各種運動技能其實也是他們求生的必備本領。而原住民傳統中多項祭典儀式，目的也都是在彰顯個人的運動技能，以面對族群之間的征戰與衝突。

▲ 瞄準獵物的阿美族太巴塱社頭目，攝於日治時代。

▲ 阿美族楊傳廣以過人的體能在田徑場上屢創佳績。

▲ 花蓮縣秀林鄉太魯閣族所舉行的射箭比賽，期望藉由現代的競賽方式，延續部落的固有傳統。

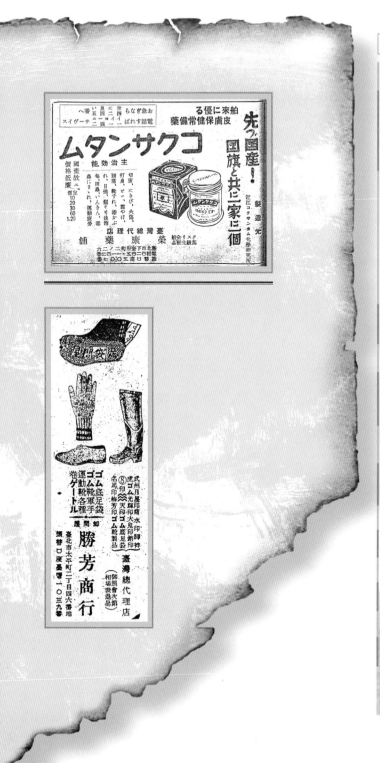

楊傳廣年表
1933~

1933
- ●出生於台東縣。

1954
- ●以最後一名成績參加第二屆亞運會田徑代表隊。
- ●參加第二屆馬尼拉亞運，得到十項運動冠軍，英文報紙稱他為「亞洲鐵人」（Asian Iron Man）。

1958
- ●參加第三屆東京亞運，蟬聯十項運動冠軍，並且是參加項目最多、獲得獎牌最多的選手。
- ●被亞洲體育家公認為亞洲體壇最能向世界田徑選手挑戰的人物。
- ●參加全美十項運動錦標賽得到亞軍，並打破亞洲的記錄。美國媒體認為他是未來奧運角逐前3名人物。
- ●被美國海姆斯體育基金協會選為年度世界業餘運動家之一。

1959
- ●進入加州大學洛杉磯分校就讀，接受田徑教練權威德瑞克指導。

1960
- ●參加羅馬奧運，獲得十項運動項目的銀牌。

1963
- ●參加加州聖安東尼運動會，刷新世界十項運動的最高記錄，成為運動史上第一位十項運動比賽得分突破9000分的選手。

1964
- ●參加東京奧運，在十項運動項目獲得第5名，之後退休。

1968
- ●回國擔任第十九屆墨西哥奧運田徑教練，並發起「一人一元」募捐籌建體育館的活動。

1981
- ●回國出任全國體總左營訓練中心總監。

1983
- ●獲國民黨提名參選立委並當選。

1989
- ●代表民進黨參選台東縣長。

2001
- ●因肝功能異常回國治療。

【延伸閱讀】
⇨ 瞿海良、劉淑玫策畫，〈原住民運動專輯〉，《山海文化》第8、9、10期，山海文化雜誌社。

【索引】(數字為頁碼)

【鳴謝】

本書的完成，特別感謝：（以姓名筆畫序）

中外雜誌	李弘	孫大川	張玉蟬	陳板	楊南郡
中央研究院民族學研究所博物館	李旭彬	徐明正	張致遠	陳炎正	潘英海
中央研究院歷史語言研究所	李秋美	浦忠成	張振岳	陳慶芳	潘朝成
中央銀行發行局	宜蘭縣史館	馬來盛	曹永和	黃炫星	鄧相揚
台大圖書館	林茂成	高英傑	莊永明	黃鼎松	駱秋美
光華雜誌	南天書局	國立台灣博物館			

【地圖、照片出處】

數目為頁碼

目錄（4~5）：
地圖：曹永和提供。

孫序（9-11）：
10、11/莊永明提供。

導讀（12-15）：
12、14、15/莊永明提供。

大肚王（16-23）：
21（右下）/國立台灣博物館提供。
21（右上）/遠流資料室。
22（左）、22（右）/南天書局提供。

卑那來（24-31）：
28（左上）、28（左下）/中央研究院民族學研究所博物館提供。
28（右）/遠流資料室。
29、30（上）、30（下）、31（上）、31（下）/徐明正攝影。

潘敦仔（32-39）：
35、36/陳炎正提供。
37（上）、37（下）、39（上）/遠流資料室。
38（左）、38（右）/葉益青提供。

潘賢文（40-47）：
44（左上）/莊永明提供。
44（右）、45（左）、45（右）、46（左上）、46（右上）/宜蘭縣史館提供。
46（右下）/遠流台灣館提供。

衛阿貴（48-55）：
51（左上）/中央研究院歷史語言研究所提供。
52（左）/台大圖書館提供。
52（右）、53（左）/陳彥仲攝影。
53（右上）、53（右下）、54（上）、54（下）、55/陳板攝影。

卓杞篤（56-63）：
59、61（上）、61（下）、62（左）/遠流資料室。
62（右上）/陳慶芳提供。
62（右下）/莊永明提供。

望麒麟（64-71）：
66、69/黃炫星提供。
70（右）、70（左）/遠流資料室。

日阿拐（72-79）：
75（上）、75（下）/張致遠提供。
76、77（上）/中央研究民族學研究所博物館提供。
77（下）、78（左）、78（右上）/遠流資料室。
78（右下）/黃鼎松提供。

潘文杰（80-87）：
82/楊南郡提供。
83、85（右上）/郭娟秋攝影、遠流台灣館提供。
84（右）、85（左）、86（左下）、86（右下）/陳慶
芳提供。
85（右下）/莊永明提供。
86（上）/宜蘭縣史館提供。

馬亨亨（88-95）：
91、93、94（上）、94（下）、95（上）、95（下）/
徐明正攝影。

宇旺（96-103）：
99（上）、99（下）/遠流資料室。
100（左）、100（右）、101（左）、103（上）/
遠流台灣館提供。
102/鄭元慶攝影、光華雜誌提供。

拉荷・阿雷（104-111）：
107（上）、107（下）、108（上）、109（上）、109
（下）、110（左下）/遠流資料室。
110（上）、110（右下）、111/遠流台灣館提供。

莫那・魯道（112-119）：
114/中央銀行發行局提供。
115、116（左上）、116（左下）、116（右）、117、
118（上）/鄧相揚提供。
118（下）/陳慶芳提供。
119（上）/莊永明提供。

南志信（120-127）：
123（左上）、123（右下）/馬來盛提供。
124（上）/遠流資料室。
124（下）/林茂成提供。
126（上）/陳彥仲攝影。
127（上）/張玉蟬提供。

樂信・瓦旦（128-135）：

131（左）、131（右）、132（左上）、132（右）、
134/林茂成提供。
133（右上）、133（右下）/莊永明提供。

吾雍・雅達烏猶卡那（136-143）：
138、139/高英傑提供。
140/鄭元慶攝影、光華雜誌提供。
141（上）、141（下）、142（上）、142（左下）、
142（右下）/浦忠成攝影。

托泰・布典（144-151）：
147（左）、147（右）/楊南郡提供。
148（上）、148（下）/張振岳攝影。
148（右）、149（左）、149（右）/林宗評攝影、宜
蘭縣史館提供。
150（左）/潘朝成攝影。
150（右）/呂宗訓攝影、宜蘭縣史館提供。
151/楊瀚智攝影、宜蘭縣史館提供。

李光輝（152-159）：
155（左）、155（右）、156（下）/李弘、李秋美提
供，黃智偉翻拍。
156（上）、156（中）/李弘提供，黃智偉攝影。
156（右）、157（左）/莊永明提供。
158（上）、158（左下）、158（右下）/孫大川提
供。

李仁記（160-167）：
163（左下）、163（右上）、164（左上）/駱秋美提
供，李旭彬翻拍。
164（右）、165、166、167（左）、167（右）/潘英
海提供。

楊傳廣（168-175）：
170、171（上）、171（下）、174（左下）/中外雜誌
提供。
172/薛繼光攝影、光華雜誌提供。
174（右下）/鄭元慶攝影、光華雜誌提供。
174（上）/遠流台灣館提供。

華文閱讀・第一選擇

YLib.com 遠流博識網
榮獲 1999 年 網際金像獎 "最佳企業網站獎"
榮獲 2000 年 第一屆 e-Oscar 電子商務網際金像獎
"最佳電子商務網站"

互動式的社群網路書店

YLib.com 是華文【讀書社群】最優質的網站
我們知道，閱讀是最豐盛的心靈饗宴，
而閱讀中與人分享、互動、切磋，更是無比的滿足

YLib.com 以實現【**Best 100**--百分之百精選好書】為理想
在茫茫書海中，我們提供最優質的閱讀服務

YLib.com 永遠以質取勝！
敬邀上網，
歡迎您與愛書同好開懷暢敘，並且享受 **YLib** 會員各項專屬權益

Best 100- 百分之百最好的選擇

Best 100 Club 全年提供 600 種以上的書籍、音樂、語言、多媒體等產品，以「優質精選、名家推薦」之信念為您創造更新、更好的閱讀服務，會員可率先獲悉俱樂部不定期舉辦的講演、展覽、特惠、新書發表等活動訊息，每年享有國際書展之優惠折價券，還有多項會員專屬權益，如免費贈品、抽獎活動、佳節特賣、生日優惠等。

優質開放的【讀書社群】 風格創新、內容紮實的優質【讀書社群】—金庸茶館、謀殺專門店、小人兒書鋪、台灣魅力放送頭、旅人創遊館、失戀雜誌、電影巴比倫……締造了「網路地球村」聞名已久的「讀書小鎮」，提供讀者們隨時上網發表評論、切磋心得，同時與駐站作家深入溝通、熱情交流。

輕鬆享有的【購書優惠】 **YLib** 會員享有全年最優惠的購書價格，並提供會員各項特惠活動，讓您不僅歡閱不斷，還可輕鬆自得！

豐富多元的【知識芬多精】 **YLib** 提供書籍精彩的導讀、書摘、專家評介、作家檔案、【Best 100 Club】書訊之專題報導……等完善的閱讀資訊，讓您先行品嚐書香、再行物色心靈書單，還可觸及人與書、樂、藝、文的對話、狩獵未曾注目的文化商品，並且汲取豐富多元的知識芬多精。

個人專屬的【閱讀電子報】 **YLib** 將針對您的閱讀需求、喜好、習慣，提供您個人專屬的「電子報」—讓您每週皆能即時獲得圖書市場上最熱門的「閱讀新聞」以及第一手的「特惠情報」。

安全便利的【線上交易】 **YLib** 提供「SSL 安全交易」購書環境、完善的全球遞送服務、全省超商取貨機制，讓您享有最迅速、最安全的線上購書經驗。

國內最完整的一套台灣歷史人物圖誌
e世代多元解讀台灣的最佳讀本
【台灣放輕鬆】

◎ 台灣文史專家莊永明策劃、專文導讀引薦
◎ 曹永和、許雪姬、張勝彥、吳密察、翁佳音等教授群監修
◎ 中國時報、聯合報、自由時報、民生報、台灣日報等媒體好評報導

V1001 《正港台灣人》
李懷、張嘉驊著
定價：250元 ‧ 特價：200元
特16開‧全彩‧遠流出版

本書介紹20位對台灣具有貢獻的外國人，包括馬雅各、甘為霖、馬偕、巴克禮、森丑之助、八田與一、堀內次雄、立石鐵臣、磯永吉……等。雖然他們血緣都不是台灣人，但心繫台灣、研究並建設台灣，他們是比台灣人還要台灣人的「正港台灣人」。

V1002 《台灣心女人》
林滿秋等著
定價：280元
特16開‧全彩‧遠流出版

女性的書寫，在歷史上常是缺席的，本書以輕鬆方式介紹20位台灣女性，包括黃阿祿嫂、趙麗蓮、謝綺蘭、蔡阿信、謝雪紅、葉陶、陳進、許世賢、施照子、蔡瑞月、包春琴、陳秀喜、江賜美、證嚴法師、鄧麗君等，從她們在各行各業的奮鬥史，台灣近代史也得以趨向更完整！

V1003 《在野台灣人》
賴佳慧著
定價：280元
特16開‧全彩‧遠流出版

台灣人從1920年代起邁入「自覺的年代」，非武裝革命前仆後繼，以爭取民權、以抗讓政府施政不當、以啟蒙社會。這股風潮一直持續到戰後以迄現今，本書所介紹的，便是其中20位和平改革的先鋒，包括為臺灣人爭取參政權的林獻堂、蔣渭水，為228殉難的王添燈，為民主自由不畏強權的雷震、魏廷朝……等。他們所彰顯的正是台灣「在野」的民眾，反專制、反強權的奮鬥史。

V1004 《鬥陣台灣人》
林孟欣、鄭天凱 著
定價：280元
特16開‧全彩‧遠流出版

他們是造反的土匪？還是反抗異族的英雄？《鬥陣台灣人》從另類有趣的角度切入台灣歷史，讓您從20位民變領袖以及甩掉繡花鞋加入戰鬥的台灣阿媽身上，看見400年來台灣生命力的源頭；讓您在「成者為王敗為寇」和「民族英雄神話」之間，建立新台灣史觀；也讓您對當今族群問題和黑金政治，有了新的詮釋………

【台灣放輕鬆】
系列規劃說明
編輯部

　　【台灣放輕鬆(Taiwan, Take It Easy)】系列共12冊，介紹台灣400年來的240位人物，分成12類主題。每冊介紹該主題內具代表性質的20位人物，每位人物皆透過「趣味Q&A」、「人物小傳」、「歷史報」、「人物小年表」、「延伸閱讀」等小單元，建構出人物與歷史的多元面貌，設計新穎，兼具知識性及趣味性，適合e世代人快速認識台灣。此外，每冊並有主題導讀，讓讀者在認識台灣時Easy & Fun，卻不膚淺。

　　以下是各單冊介紹：

1 正港台灣人　　　　　　文／李懷、張嘉驊
介紹20位對台灣貢獻卓著的外國人，包括馬偕、森丑之助、八田與一、堀內次雄、立石鐵臣、磯永吉……等。

2 台灣心女人　　　　　　文／林滿秋等
介紹20位傑出的台灣女性，包括黃阿祿嫂、陳秀喜、葉陶、謝雪紅、許世賢、包春琴、江賜美、鄧麗君……等。

3 在野台灣人　　　　　　文／賴佳慧
介紹20位在體制內推動改革者，包括蔣渭水、林獻堂、雷震、魏廷朝、葉清耀、林幼春、黃旺成、林秋梧……等。

4 鬥陣台灣人　　　　　　文／鄭天凱、林孟欣
介紹20位以武裝形式從事變革者，包括郭懷一、朱一貴、林爽文、施九緞、林少貓、蔡牽、黃教……等。

5 台灣原住民　　　　　　文／詹素娟等
介紹20位台灣的原住民，包括平埔族與高山族人，如望麒麟、樂信瓦旦、潘文杰、拉荷阿雷、莫那魯道……等。

6 執政台灣人 (書名暫定)　　文／林孟欣
介紹20位台灣政治人物，包括劉銘傳、陳永華、王得祿、後藤新平、蔣經國、陳誠、蔣夢麟……等。

7 拓墾工商人 (書名暫定)　　文／林滿秋
介紹20位工商與拓墾的代表人物，包括吳沙、李春生、張達京、陳炘、陳中和、施世榜、林成祖、姜秀鑾……等。

8 社會人物 (書名暫定)　　　文／賴佳慧、陳怡方
介紹20位對台灣社會有影響力的仕紳名人，包括施乾、洪騰雲、廖添丁、廣欽老和尚、施合鄭、阿善師……等。

9 台灣文學家 (書名暫定)　　文／李懷、張桂華
介紹20位對台灣社會有影響力的文學家，包括賴和、楊逵、王詩琅、鍾理和、吳濁流、呂赫若、楊喚、吳瀛濤……等。

10 台灣藝術家 (書名暫定)　　文／王淑津
介紹20位台灣藝術家，包括陳澄波、洪瑞麟、鄧南光、林朝英、江文也、于右任、井手薰、黃土水、陸森寶……等。

11 民間藝術家 (書名暫定)　　文／陳板、石婉舜
介紹20位台灣藝術家，包括葉王、張德成、鄧雨賢、李天祿、陳達、林淵、洪通……等。

12 學術人物 (書名暫定)　　　文／晏山農
介紹20位各領域的學術人物，包括連雅堂、胡適、杜聰明、張光直、吳大猷、蔣碩傑、印順法師、姚一葦……等。

國家圖書館出版品預行編目資料

臺灣原住民/ 詹素娟等撰文. -- 初版 . -- 臺
　北市：遠流，2001[民90]
　　面； 公分. -- （台灣放輕鬆；5）
　含索引
　ISBN 957-32-4386-5 (平裝)

　1.臺灣原住民-歷史 2.台灣-傳記
782.632　　　　　　　　　　90009472

台灣放輕鬆

台灣放輕鬆